“爆火的秘诀”丛书

快手快速涨粉高阶玩法

陈海涛◎著

扫码获取
- 快速涨粉真经
- 运营实战视频
- 爆款账号分析
- 最新扶持政策

SPM 南方传媒 | 广东经济出版社
·广州·

图书在版编目（CIP）数据

快手快速涨粉高阶玩法 / 陈海涛著．—广州：广东经济出版社，2024.1

（“爆火的秘诀”丛书）

ISBN 978-7-5454-8978-1

Ⅰ.①快… Ⅱ.①陈… Ⅲ.①网络营销 Ⅳ.① F713.365.2

中国国家版本馆 CIP 数据核字（2023) 第 197880 号

责任编辑：蒋先润　谢善德
责任技编：陆俊帆

快手快速涨粉高阶玩法
KUAISHOU KUAISU ZHANGFEN GAOJIE WANFA

出版发行：广东经济出版社（广州市水荫路 11 号 11 ～ 12 楼）
印　　刷：广东鹏腾宇文化创新有限公司
（广东省珠海市高新区唐家湾镇科技九路 88 号 10 栋）

开　　本：730 毫米 ×1020 毫米　1/16
印　　张：15
版　　次：2024 年 1 月第 1 版
印　　次：2024 年 1 月第 1 次
书　　号：ISBN 978-7-5454-8978-1
字　　数：217 千字
定　　价：58.00 元

发行电话：（020）87393830
编辑邮箱：286105935@qq.com
广东经济出版社常年法律顾问：胡志海律师
法务电话：（020）37603025

前　言

Preface

深层挖掘快手的新玩法

“这是一个最好的时代，也是一个最坏的时代。”英国文学家狄更斯在《双城记》中这样描述工业革命发生后的时代。

今天，我们同样生活在一个矛盾的世界之中。不过，在当前日新月异的移动互联网时代，对短视频创作者而言，毫无疑问是最好的时代。短视频是为数不多的“长效”风口之一，社交商业更是短视频行业备受追崇的商业模式。

生意包含三个要素：产品、流量、转化。短视频兼具了这三个要素。视频内容本身就是一种产品，优质内容在算法驱动之下本身自带流量，可实现引流、涨粉、变现的完美闭环。不可否认，作为一种崭新的商业模式，短视频变现的确具有不可比拟的独特优势，它能够持续打破内容与变现的边界，形成内容、社交与消费三者合一的局面。

快手作为当下最热门的短视频平台之一，聚集了庞大的流量。截至2022年第四季度，快手DAU（Daily Active User，日活跃用户数量）已达3.66亿，平均月活跃用户达6.4亿，是同抖音并驾齐驱的短视频平台。

凭借精准的推荐算法、强大的内容生态和庞大的用户基数，快手不仅吸引了大量广告主入驻，而且为用户带来了十分丰富的购物体验，在广告、直播、电商等方面多点开花，形成“流量高效转化”的良性循环。

快手在商业化上也交出了亮眼的答卷：2022年，快手实现总营收942亿元，全年电商交易总额（GMV，Gross Merchandise Volume）同比增长32.5%，达9012亿元，增速领先行业。

与此同时，大量快手创作者也收获了流量、粉丝和变现的红利。官方数据显示，截至2022年6月，快手万粉创作者已超200万人，共收获了2639亿粉丝量；超过600万的创作者在快手获得千亿流量扶持，累计涨粉超150亿；每年有2000万名创作者在平台获得了收入，且在持续高速增长。

当前，快手仍是流量洼地，是众多个体、商家、品牌、机构、企业实现流量裂变、用户增长和商业变现的最佳平台。

作为UGC（User Generated Content，用户生产内容）平台，快手对创作者一如既往地重视与扶持。快手上市当天，其两名联合创始人宿华和程一笑都提到了同一个概念：“让有恒心者有恒产，有恒产者有恒心。”

快手主张“有恒产者有恒心”的背后是其“得生产者得天下”的社区治理理念。程一笑说过：“我们应该更坚定地站在生产者这边，毕竟平台不生产内容，生产者是整个内容行业的根基所在。”

在2021年4月22日的快手光合创作者大会上，快手高级副总裁严强再次强调了“有恒心者有恒产”的概念：“我们希望维护每个创作者长期和稳定的利益，坚定且长期地走下去，而不是把创作者当机器。”

对快手创作者来说，恒产恒心理念无疑是一大利好。然而，在看到诸多优势的同时，我们也不得不面对这样一个事实：在众多的快手创作者当中，真正能够乘上东风、收割流量红利的人却并不多。

为什么会这样？原因其实很简单。在运营快手账号的过程中，绝大部分人都只是跟风而为，并没有形成系统的运营知识体系，未能全面掌握相关的运营技巧、涨粉技巧和变现技巧。

运营快手账号，引流涨粉，只是初级目标，引流涨粉的最终目的是变现。变现是打造快手账号的终极目的，任何不以变现为目标的行动都是对账号定位初衷的违背。在账号定位之初，就要让粉丝明白“这是一个要变现和商业化的账号”。新人做快手账号务必具备变现思维，做好垂直定位，有针对性地进行内容输出和引流吸粉，将变现问题前置，提升账号的价值和变现潜力。

快手作为一个创新型的平台，在不断迭代升级中推出新玩法，创新商业模式。因此，快手运营也需要不断迭代升级，这样才能跟上时代前进的步伐。

本书致力于深挖快手的玩法，定位于进阶技巧，结合全新、极具代表性的案例，从通晓算法、账号定位、内容运营、选题策划、视频拍摄、视频制作、吸粉引流、变现模式、直播带货等方面挖掘快手涨粉、运营、变现的新玩法。本书特别适合对快手有一定了解，且希望进一步学习快手新玩法的读者朋友阅读。

陈海涛

2023年冬

快速涨粉真经
·分享快速涨粉精髓 ·传授实用变现技巧
运营实战视频
·剖析快手内容文化 ·学会短视频运营技巧
爆款账号分析
·解码达人涨粉秘诀 ·快速涨粉上热门
最新扶持政策
·了解平台新机制 ·抓住爆火新机遇
微信扫码
加入快手涨粉训练营
认识"老铁"文化·Get快手涨粉高阶玩法

目 录

Contents

第九章　直播带货：快手账号的最佳盈利模式

第一章

通晓算法：去中心化的内容分发机制

快手在短视频赛道异军突起，借助的核心策略是“流量普惠”，即去中心化与公平普惠的平台流量分发机制。

快手联合创始人宿华称：“去中心化的逻辑就意味着每个内容、每个人都是平等的，无须平台给它（他）贴标签，内容本身和AI算法会自动提供选择。”

1. 快手：去中心化与公平普惠

快手前身为“GIF快手”，诞生于2011年3月，最初是一款用来制作、分享GIF图片的手机应用。2012年11月，“GIF快手”从纯粹的工具应用转型为短视频社区，是用户记录和分享工作、生活的平台。2013年7月，“GIF快手”更名为“快手”，名称沿用至今。

2013年12月4日，工信部正式向三大运营商发放 4G 牌照。彼时，小米正式推出千元档位的智能手机红米1S，智能手机加速普及。随着智能手机、平板电脑的普及和移动流量资费的下降，短视频市场迎来了第一次爆发，快手用户高速增长。

2015年，快手DAU突破1000万大关。当时，快手的口号是“记录世界，记录你”。快手联合创始人宿华在 2016年的一场访谈中指出：“希望地球上每一个个体，把自己看到的一切喜怒哀乐都记录在快手里。这些都是可视化的回忆，将整个世界的影像存在快手上。”2017年，在被要求写下关于快手的四个关键词时，宿华首先写下的就是“记录”一词。

短视频的“记录”功能，让越来越多的普通用户涌入快手平台。到2017年，快手的DAU涨到了1亿。2019年，快手实现总收入500亿元，其中直播收入接近300亿元。

2020年，对快手而言是至关重要的一年。年初，快手DAU突破3亿大关；6月，快手黑话“奥利给”通过一条视频在全网破圈，分发逻辑转变，增设上下滑动；11月，快手宣布启动在香港上市的计划。

截至2022年第四季度，快手DAU已达3.66亿，平均月活跃用户达6.4亿，成为同抖音并驾齐驱的短视频平台。

快手在短视频赛道异军突起，借助的核心策略是“流量普惠”，即去中心化与公平普惠的平台流量分发机制。

快手“记录世界，记录你”口号（快手自2020年将其slogan变更为“拥抱每一种生活”）背后的价值观是让每个人自由发声，有着去中心化的逻辑。平台不刻意培养KOL（Key Opinion Leader，关键意见领袖），不对明星进行倾斜，不与头部用户捆绑签约，不设置热点人物、热点话题等榜单。在流量分发机制上，几乎站在了微博等中心化社交平台的对立面，而快手的去中心化比抖音贯彻得更为彻底。

算法是帮助快手实现这种流量普惠价值观的前提，根据宿华的解释，“平台不想评判内容，告诉用户你应该去看这个或那个。去中心化的逻辑就意味着每个内容、每个人都是平等的，无须平台给它贴标签，内容本身和AI算法会自动提供选择”。

快手的公平普惠与去中心化表现在以下几个方面。

（1）“农村包围城市”：关注下沉市场

宿华在为《被看见的力量》一书作序时写道：“截至2018年，中国大专及以上受教育程度人口占总人口的13%，有87%的人没接受过高等教育，快手非常在乎所有人的感受，想让那87%的人更好地表达和被关注。”

快手颠覆了互联网产品“城市包围农村”的传统扩散路径。通常，技术进步的故事从一线城市开始：通信工具、电商服务、线上娱乐……每一项互联网技术应用都是发源于一线城市，然后再逐渐扩散到二线、三线、四线城市和农村地区。中国有大量的农村人口，该部分人群过去从未进入过互联网的主流话语圈层，直到快手的出现：跳鬼步舞的泥娃娃、执笔作画的古稀老人，日常烹饪生活中的农村妇女等普通人群的生活状态和精神面貌开始在快手被记录、分享并广受关注。

“他们很新鲜，很令人惊讶，有时候甚至（让人）很难接受。我觉得这是很正常的，我们的世界被割裂得太厉害了。”快手投资人张斐这样评价快手的内容。“记录和分享生活”是人的本能，“被他人认可”更是人人向往的。服务于下沉市场的用户群体，展现所谓“五环外人群”的生存状态，让他们有机会被看到、被关注，成为快手的产品路径选择；即“流量普惠”策略——给每位内容生产者公平的曝光机会，激励整个平台内容拍摄的多样性。

2020年7月，快手发布了《致披荆斩棘的你——2020快手内容生态半年报》。报告显示，快手用户在一线、二线、三线、四线及以下城市的占比分别为15%、24%、30%和31%，快手“农村包围城市”战略出现成效。

（2）流量普惠：惠及更多用户

短视频同其他互联网内容产品的商业模式类似，其本质是注意力经济。互联网是现实世界的映射，现实世界中存在财富分配不均的现象，在互联网世界则体现为注意力分配不均，少数人吸引了大部分的注意力，即少数人把控了流量入口。

短视频平台作为规则制定者，却可以控制住流量的闸门。通常，“热门内容推荐”是短视频行业的主流选择，即由平台方和头部生产者决定用户观看什么，掌控流量的大多是头部生产者。而快手则采取了不同的流量分发模式，希望给普通用户更多机会，在快手看来，用户既关注时下热门内容，也喜欢普通用户分享的家长里短。在快手平台，不止头部创作者被关注，普通创作者也能被平台发现、关注和推送，这就是所谓的“流量普惠”。

“流量普惠”一度支配着快手的产品设计、算法逻辑和运营思路，它的意义不限于“普惠”，而且为流量分配架设了另一种可能。宿华曾表示：“做一款普通人都能够记录生活的好产品。”快手的宗旨是哪怕流失一部分流量，也要让用户能够获得平等推荐的机会。也就是说，对于农村用户分享日常生活的视频和美妆博主分享仿妆的视频，平台推送时给的流量是同样的。快手不会对关注度更高的话题多给流量，也不会对小众话题少给流量。

快手采用轻运营模式，注重用户的参与机会，视频推荐比较分散，这种推荐逻辑形成了快手草根秀场大舞台的局面。

（3）快手的基尼系数控制论

如何做到流量普惠？除了借助算法，快手还借助基尼系数理论来确保流量普惠。

在快手的经营逻辑中，宏观经济学概念中的“基尼系数”是其最重要的策略指挥棒。

基尼系数是一个0～1的比例数，被用于衡量一个国家或地区内的收入差距状况。基尼系数越趋近于1，说明该地区贫富差距越严重；如果趋近于零，说明贫富差距很小。在绝大多数国家或地区，达到极端贫富差距的概率不高，所以国际上一般将基尼系数的警戒线定在0.4。

在经济学中，基尼系数与国民财富的分配方式有很强的联系。将其类比到快手平台上，分配的内容则从财富变成了流量注意力，这也是快手早期口号“看见每一种生活”的要义。

快手的每一个策略都有基尼系数的约束性考核，避免内容创作者之间贫富差距过大。一方面，平台会为所有尾部内容分配初始流量，并通过关注、同城等功能保证所有内容都有被看见的机会；另一方面，快手会有意抑制头部视频的流量。

快手的官方报告显示，快手只有30%的流量是分配给头部热门内容的，剩下70%的流量是分配给中长尾内容的，即“流量普惠”。其目的是避免内容消费者注意力资源的两极分化，要让每一个内容获得注意力资源相对均等分配的机会。假设某个头部内容提供者发布的内容热度不断上升进入流量池，快手的算法系统会刻意把这个视频内容的权重下调。

例如，在《被看见的力量》一书中，宿华写道：“快手要做的就是公允，在资源匹配上尽量把尾巴往上抬一抬，把头部往下压一压，让分配稍微平均一些。”

2. 老铁文化：打造强信任关系

快手是早期的短视频应用之一，与抖音类似，但二者的流量分发模式有所不同。同抖音倾向爆款的推荐机制不同，快手推行“普惠”式分发机制，不易制造爆款，但能够造就创作者和粉丝之间的“老铁关系”，能够加深内容创作者与粉丝的黏性，有助于快手账号沉淀私域流量，出现信任度较高的“老铁关系”。这种关系超脱了其他短视频平台关注关系中的粉丝范畴，快手的关注关系显然涉及粉丝以外更多元的领域——类似朋友的老铁、同领域的爱好者、老师与学生，甚至是服务者与被服务者。

在快手平台上，各领域、各行业的内容创作者都有被公平展示的机会，即使内容本身质量不高、竞争力不强，也不会被算法锁死，仍能获得不错的流量和曝光机会，同时也能获得不错的互动量，体现的是整个社区的信任氛围。

相对于抖音平台更为明显的头部效应，快手的流量分配更为平均。快手基于基尼系数理论的流量分发机制缩小了平台的流量“贫富差距”，这种治理模式下成长起来的是社区的强信任关系和熟人经济。快手的长尾策略造就了快手的强社区属性，以“内容和人”双重连接用户。快手在发展过程中沉淀了大量的社交关系，形成了“半熟人半陌生人共存的社区”，由此构建的KOC（Key Opinion Consumer，关键意见消费者）“老铁经济”正加速其商业生态的崛起。

与“老铁关系”和“老铁经济”对应的是快手高层提出的“恒产恒心”理论。

2021年2月5日，快手上市当天，快手联合创始人宿华和程一笑提到同一个概念：“让有恒心者有恒产，有恒产者有恒心。”

在2021年4月22日的快手光合大会上，“恒心”与“恒产”再次成为全场主题，快手原高级副总裁严强在会上说：“我们希望维护每个创作者长期和稳定的利益，坚定且长期地走下去，而不是把创作者当机器。”

快手主张“恒产者有恒心”的背后是“得生产者得天下”的社区治理理念。程一笑说过：“我们应该更坚定地站在生产者这边，毕竟平台不生产内容，生产者是整个内容行业的根基所在。”

快手创作者服务团队负责人袁帅也提出，要“以平台的恒心，为创作者的恒心提供加持，让创作者有回报、有希望”。

快手高层不断强化的“恒产恒心”理论，释放了对创作者的重视，内容始终是创作者的内容，而创作者始终是平台的核心。事实上，快手创作者不仅与粉丝之间存在着十分稳定的信任关系，而且与平台之间也存在着强信任关系和强黏性。快手上的创作者对平台的依附性有多高？快手高级副总裁、主站业务负责人王剑伟给出了一个数据：2016年就在快手发作品的创作者中到今天还在活跃的万粉创作者比例超过70%，十万粉创作者比例超过80%，百万粉创作者比例达到94%。这种关系让“有恒心者”能够随着时间的积累拥有一份“恒产”。

快手的流量分发机制和治理机制，不仅增加了创作者对平台的黏性，而且引导了创作者增加粉丝长期黏性，以创造更好的私域生态。进而平台才能围绕“老铁关系”和强信任关系形成“先认人再认货”的强私域型商业变现模式。

对此，严强表示：“虽然算法非常强大，但我们不认为未来的一切都应该由算法来解决。人和人之间的信任、人和人之间情感的连接是非常有力量的，非常有价值的。”

严强进一步解释，以算法、内容、社交连接为核心的信任经济，如果做得好，完全可以推动下一轮信任机制的创新。“这是一个有可能重构 10 亿用户消费决策的机会。”

严强的观点代表着快手的官方态度，算法虽然强大，但快手认为算法不能凌驾于创作者之上，“人与人之间的信任、感情的连接是非常有力量的和有价值的”。

在这种经营理念下，快手整个算法机制和内容体系的搭建都在围绕着创作普惠、生态健康、保护创作者的长期收益，以及提升私域价值展开。

（1）快手非常重视创作的普惠

快手不以算法为盈利途径，而是用普惠方式吸引创作者生产内容，通过提高需求匹配度的方式，来提高创作者的收益。

快手官方统计数据显示，平台上有25%的月活用户同时也是创作者，他们当中有超过2300万人在快手获得过收益。从比例来看，万粉以上的创作者中有55%能获得收入，这个比例相对整个行业来说都是非常高的。

这些创作者的数量不但多，而且分类特别广泛，在他们当中，除了有专业机构和专家人士，还有快递小哥、街头艺人、果农兄弟、宝妈和卡车司机等活跃在各个领域的普通创作者。

这些散布在用户身边、真实而鲜活的人，正在成为支撑快手成长的主力生产者。

（2）快手非常重视平台的生态健康，打造友好信任的生态环境

快手花费了大量人力和资源治理内容生态，旨在打造健康、友好信任的平台生态环境。在确保流量普惠的前提下，平台流量在向更优质的内容和创作者倾斜。

快手还完成了一系列重点领域的认证体系建设，官方数据显示：已经有数万名重点领域的快手用户完成了认证，在网络直播平台内容真假难辨的当下，这点尤为重要。

快手未来还将持续建设信任机制，提升反馈和投诉处理效率，全面提升用户和创作者的满意度，努力消除可能伤害用户信任的因素。

（3）快手更看重创作者流量的长期价值

相较于短期流量红利，快手更看重创作者流量的长期价值。快手平台上的很多创作者是跟随快手一路走来、陪伴时间长达八九年的老用户。这种长期性和稳定性，让快手的这些创作者无论外部环境如何变化，都能拥有黏性极高的粉丝群体。

官方数据显示：在快手平台上稳定生产和创作时间超过5年的创作者超过10万人，这些创作者都收获了稳定的流量和收益回报；而在拥有万粉以上的创作者中，33%都能稳定发展超过3年。

3. 标签：快手算法的核心机制

快手算法推荐机制是一个庞杂的系统，其核心是标签机制。

快手标签机制的核心目的在于让系统更好地识别视频内容，从而推荐给最合适的人。

快手的标签机制包括给用户贴标签和给视频贴标签。

（1）定义人：给用户贴标签

给用户贴标签，就是为用户画像。

交互设计之父阿兰·库珀（Alan Cooper）最早提出了用户画像（Persona）的概念，在他看来，“用户画像是真实用户的虚拟代表，是建立在一系列真实数据之上的目标用户模型”。简单来讲，用户画像即商家通过对客户各方面信息与数据的收集，并将之整合为一个具有独特气质和鲜明个性的画像。

我们在描绘一个人时，通常会抓住其最显眼的标签特征，如双眼皮、长发、圆脸等，经过这样一番描绘，就有了一个人物大致的形象。同理，所谓用户画像，就是通过数据标签构建出来的用户形象。品牌通过对海量数据信息进行分析，将数据抽象成标签，再利用这些标签将用户形象具体化，最终形成的就是用户画像。

用户画像强调的是一群人，是对群体的宏观把握，体现了群体的共性，是在单一/组合维度识别下，弱化群体中每个个体的形象与特色，从而聚合的一类用户共有特征。

用户画像可以使短视频的服务对象更加聚焦、更加精准。我们很难想象，有一种产品，期望覆盖所有的客户：男人女人、老人小孩儿、专家小白、文青……这样的产品要么毫无特色，要么过于简陋、标准极低，因为每一种产品都是为特定的消费群体服务的，产品的目标群体基数越大，其标准也就越低。

为用户画像的核心工作是为用户打上各种各样的标签，每一个标签都是特定用户相应个性特征和消费特征的高度总结，如性别、年龄、婚姻、消费习惯和消费偏好等，将所有用户标签整合在一起，呈现的就是用户画像。

完成画像的带有大量标签的用户，可以让系统更好地识别了解。通常，一名快手的新用户在冷启动时，系统首先会根据用户的注册资料、手机型号、地理位置和周边用户等情况，对用户进行初步的标签分析。一旦用户有了使用行为、浏览记录，快手算法就会进一步根据用户的观看行为，升级用户标签库，进而给用户匹配更精准的内容。目前，快手的用户手机型号已达5万多种，快手的自研AI引擎会适应每种机型的硬件配置，快手的用户标签库已经高达数百亿条。带有大量标签的用户可以总结出特征，以便更好地让系统了解用户。

用户的特征分为长期特征、中期特征、短期特征。

第一，长期特征。长期特征是出生年月、地区（IP地址、POI/AOI）、性别等，即长时间不会变的特征。

第二，中期特征。中期特征是兴趣爱好。

第三，短期特征。短期特征是用户短期行为所呈现的特征。最难识别的是短期特征，比如用户搜“苹果”，有可能是在搜水果，也可能是在搜索苹果手机。这样的短期特征是很难识别的，机器算法需要记录用户大量的使用行为，建立深度学习的模型来不断训练，形成用户大致的画像，从而更好地判断用户到底喜欢什么，以及识别某一用户和其他用户的关系。

（2）定义内容：给视频贴标签

快手算法定义内容，表现在两个层面。

第一，为视频贴标签。

当一则新视频上传到平台，机器先会抓取一些视频的特征，提取相关信息，如主体、表情、场景、图像质量、背景音乐等元素，在此基础上，机器会进一步寻找视频里的细微特征，每一个特征都是机器的猜测，然后做验证。

每一次猜测都是一个弱决策，大量的弱决策叠加在一起就形成了强匹配。机器要实现对用户兴趣的精准识别，需要一定的时间。系统会优先推送高CTR的内容，在这个过程中进行兴趣探测，投放到用户池中做灰度测试，从而得到不断验证。判断视频质量的方式也很相似，视频推给一小部分用户后，通过观察互动量如点赞、评论、播放完成度等几个维度，超过一定阈值，就推荐给更大范围的用户。如此反复，持续正向反馈的视频根据数据表现进入优质视频库，机器随机选择其中的一些上快手的“热门”，也就是发现页。

第二，基于视频标签进行分发。

在快手的算法中，标签是属于分发机制的范畴。当视频被发布到快手上之后，系统会基于视频的标签和人们的兴趣来进行分发。如果标签设置合理，系统就会把视频投放给非常精准的人群，大幅提升其上热门的概率。如果视频的标签设置不合理，那么系统在对视频进行分发的时候就会出现问题，导致目标受众根本无法看到视频。在这种情况下，即使视频的质量再高，也很难被推上热门。所以，我们必须重视标签问题，为自己的视频设置好合理的标签。

4. 推荐算法：流量池分配机制

算法（Algorithm）对包括快手在内的互联网平台来说，是一套必不可少的评判机制，这套机制对于内容生产者和内容消费者都有效。

算法是指解题方案的准确而完整的描述，是一系列解决问题的清晰指令。算法代表着用系统的方法描述解决问题的策略机制。

简单来讲，算法就是解决一个问题的具体方法和步骤。算法是程序的灵魂。

推荐算法是算法的一种，通过一些数学算法，测算出用户可能喜欢的东西。推荐算法的研究起源于20世纪90年代，当时由美国明尼苏达大学的GroupLens研究小组开启了该项研究。GroupLens研究小组希望开发一个名为MovieLens的电影推荐系统，以实现对用户进行个性化的电影推荐。研究小组先让用户对看过的电影打分，然后再根据评分结果进行分析，以此测算出他们对未看过电影的兴趣度，并据此向他们推荐可能感兴趣的电影。亚马逊（Amazon）最早开始借助该推荐系统，通过分析用户浏览购买行为，对他们进行个性化的商品推荐。这一个性化推荐举措，让该网站的销售额提升了35%。

如今，推荐算法已经广泛应用于各类网络平台，百度有百度的推荐算法，微信有微信的推荐算法，今日头条有今日头条的推荐算法，抖音有抖音的推荐算法，快手也有自己独特的推荐算法。算法是网络平台必不可少的评判机制。

2022年8月，国家互联网信息办公室在其官方网站发布了互联网信息服务算法备案信息的公告，公开了天猫、淘宝、抖音、快手、微信等众多知名App的热搜和个性化推送等算法，内容覆盖了算法的基本原理和运行机制。

目前，《境内互联网信息服务算法备案清单（2022年8月）》覆盖了阿里、腾讯、字节跳动、新浪、小米、百度、快手、美团等公司旗下应用产品的30种算法。例如，快手的短视频生成合成算法和个性化推送算法、抖音的个性化推荐算法，以及美团的配送调度决策算法等。

算法对平台最大的作用就在于管理好平台上的用户数据，根据用户的一系列反馈行为来改进平台功能，提高用户体验，从而使平台吸引更多用户、留住更多用户，最终使平台形成一个可循环的良性生态。

总之，推荐算法会为内容生产者匹配到精准的用户，为内容消费者匹配到感兴趣的内容。

明白了算法是什么及它的重要性以后，去任何平台引流的第一件事就是先了解平台的算法而不是傻兮兮地去引流，否则只会被平台判断为营销号然后被封杀。

快手推荐算法下的流量分配机制主要包括以下几个。

（1）流量池分配

快手的流量池是指作品因获得不同曝光率而得到的不同流量位置。快手对任何一个作品（包括纯广告作品）都会分配一个基础的曝光量，大概为300个。初次分发，短视频进入“关注页面”和“同城页面”。“关注页面”面向的是创作者的私域流量，即向创作者的粉丝展现。由于快手不具备转发功能，所以“关注页面”的展示并不能直接增加曝光量。

“关注页面”将作品展示给老朋友、老粉丝，“同城页面”给创作者引荐新朋友。同城基于地理位置而推荐内容，将视频展示给创作者周围的用户，拓展其本地朋友圈。新上传的视频将获得 300 个基础曝光量，从而帮助零粉丝的创作者实现冷启动。

冷启动流量中第200～300区间的播放量数据非常重要，因为算法会根据作品的点赞率、评论率以及转发率来判定是否要推送到下一个流量池中。

（2）热度加权

当视频作品经过层层数据检验，不断地被推送到新的流量池时，视频的权重也在不断叠加。其中，影响视频热度和权重的几个数据的重要性排序为：转发率>评论率>点赞率>完播率。

视频在快手上热门的关键在于作品要高质量，再加上播放次数、喜欢次数、评论数、转发次数才能被不断推荐，从而获得较高的权重。

（3）叠加推荐

经过冷启动后，如果短视频的热度不断上升，系统会通过加权的方式给予短视频更多的推荐。短视频的潜力由观看者的反馈与互动决定，转发量（指转发至别的平台）、评论量、点赞数和完播率是其潜力的基本衡量指标。一旦达到某个标准，短视频将被推荐给更大范围的受众，即第二次分发。如果热度继续攀升，系统将会给予更多的推荐，最终依据其标签投入用户的“发现”页面；如果拥有数十万的点赞量，则可能进入“精选”页面。

这种层层递进的流量分发方式，被快手称为“爬坡机制”，阶梯式流量分发已经逐渐成为短视频平台筛选优质冷门内容的标准配置。在快手平台，优秀的作品最高可经过八轮叠加推荐，逐次进入更高等级的流量池（见表1–1）。

表1–1　快手八级流量池

推荐轮次	播放量
首次曝光	300左右
2次推荐	3000左右
3次推荐	1.2万～1.5万
4次推荐	10万～12万
5次推荐	40万～46万
6次推荐	200万～300万
7次推荐	700万～1100万
顶级推荐	3000万+

（4）流量触顶

快手平台推荐机制中的“基尼系数”（Gini Coefficient）机制，能够尽可能避免流量过于集中在头部。因此，当短视频的播放量达到某一阈值时会减少曝光，将流量让位于新的优质作品。

在流量触顶机制下，快手对百万级粉丝的头部创作者都会采取流量抑制措施，对每条视频的播放量、点击量进行约束性考核。通常，快手平台播放量大于50万次的头部视频流量仅占总流量的 30%，剩下 70% 的流量将分给普通创作者，以实现“流量普惠”。

5. 审核：机器与人工双重审核

快手是一款拥有大量日活用户的短视频分享平台，它的审核机制是非常严格的。内容审核机制是快手平台运营的重要组成部分，目的是确保平台上的内容符合国家相关法律法规，确保用户在快手平台上能获得健康安全的内容。

用户上传新作品后，平台都会进行审核，查看作品是否违规。单凭机器算法进行智能化审核，容易被钻空子，留下漏洞，而对海量的作品进行人工审核又不太现实。

快手采取的是双重审核机制：机器+人工的审核模式。

（1）机器审核

机器审核就是利用智能审核系统，通过特定算法及规则，对所有视频进行检测，通过合规视频，而过滤掉违规视频。

机器审核方式主要包括以下几种。

第一，借助数据库匹配审核。

通过建立违规文件的特定数值数据库，平台智能审核系统会将用户上传的视频与数据库进行匹配，以甄别违规视频。

第二，将视频转图像审核。

对视频的每一帧截图，运用图像智能识别系统来进行甄别，将图像进行解构，提取特征元素，再采用图像分类识别算法，获取图像元素类别，根据类别进行标签后选择对应数据库进行特征对比，若对比相似程度较高则说明违规，系统将对视频进行过滤，那么视频将无法正常发布至平台。

第三，语音识别审核。

通过AI系统，将语音转化成文字，对照系统的关键词库进行审核。

机器审核时间较短，只有通过机器审核的视频才能得以发布，进入推荐流量池。

（2）人工审核

对于机器筛选出的疑似违规作品，平台会提交人工审核，人工审核内容通常不会超过总量的5%。对于通过机器审核筛选出的可疑违规作品以及其他容易出现违规的作品，快手的专业审核团队会根据国家相关法律法规，对其进行审核，确保平台上的内容符合国家相关法律法规。

第一，安全性审核。

目的是杜绝平台所禁忌的违规内容，如淫秽色情、暴力血腥、情节低俗、宣传封建迷信等违反国家规定的视频。

第二，快手本身的规则审核。

根据平台规定，审查内容是否存在人身攻击、转载其他平台侵权视频、封面违规、含有商品信息和二维码等。

如果上传的视频内容不符合快手的审核规则，或者账号等级较低，审核的时间可能会比较长。此外，人工审核的时间还取决于审核人员的工作量。如果审核人员的工作量很大，审核的时间会比较长，可能需要几个小时甚至几天才能完成。

通过双重审核后，作品正常发布曝光，如果机器评判该内容为受欢迎的，作品会被进行二次传播。在二次传播后，该视频依然会根据机器推送。如果反馈优质，平台会给予更多的流量，同时也意味着视频被更多的用户审视，而如果用户举报该视频，也将会出现平台审核机制对于作品的新一轮审核。如果发现违规，作品会被限流或删除；如果没有违规，则会进一步被推荐展示。

（3）违规处罚

如果作品被平台审核系统检测到有违规行为，会受到相应处罚，违规处理的方式包括内容处理、账号处理和直播处理。

内容处理包括禁止被评论、减少推荐、删除等。

账号处理包括禁言、禁被关注、减少推荐、冻结等。

直播处理包括中止播放、限制权限、冻结等。

制作短视频千万不要存在侥幸心理，违规内容也许可以逃过机器审核，但肯定逃不过人工审核。快手团队会通过主动发现和接受用户举报两种方式发现违规行为。上传的短视频还要接受用户的监督，而违规内容将无所遁形。因此，遵守平台规则和管理规范，在平台许可的范围内创作内容才是王道。

第二章

账号定位：给人印象深刻的个性或形象

运营账号的终极目的是变现，在账号定位之初，就要让粉丝明白“这是一个要变现和商业化的账号”。

做账号定位，简单来讲，就是要回答好三个问题：

第一，你是谁？

第二，你要做什么？（你要给用户分享什么内容？）

第三，你和别人有什么不同？（你有什么独特的优势？用户为什么要看你的视频？）

1. 定位：要么唯一，要么第一

做定位，要回答三个问题：

第一，你是谁?

第二，你要做什么?

第三，你和别人有什么不同?

具体到快手账号定位上，这些问题可以引申如下：

第一，你是谁?

第二，你要做什么？（你要给用户分享什么内容？）

第三，你和别人有什么不同？（你有什么独特的优势？用户为什么要看你的视频？）

定位对于快手账号运营而言非常重要。快手是根据用户对应的标签来推荐视频的。要想获得一个精准的标签，需要给账号做一个精准的定位。

快手账号定位的目的是树立差异化的账号IP，区别于其他账号，能够占领目标用户（粉丝）的心智，让目标用户（粉丝）心中有清晰的认知，让目标用户（粉丝）能够关注并记住。账号定位要确定产出（内容）是什么、目标受众群体有哪些、要输出什么样的内容来吸引目标受众。

账号定位将直接决定账号的引流效果、涨粉速度和变现能力。

（1）为什么要做账号定位

账号定位的目的主要有以下几个方面。

第一，给粉丝一个清晰的画像。

账号定位从某种程度上来说就是给自己画像，目的是让目标用户（粉丝）能够迅速了解“你是谁”“你要做什么”“你和别人有什么不同”，让目标用户（粉丝）可以迅速识别你、记住你、关注你。

第二，打造差异化的竞争优势。

快手日活用户已超4亿，其中绝大部分账号都是雷同的，同质化严重，无论是账号定位还是内容定位，都大同小异，没有本质上的区别，对粉丝的吸引力有限，对平台算法推荐机制的驱动力也极其有限，没有流量，没有关注。

还有一个值得注意的数据：截至2022年6月，快手万粉创作者人数超过200万，同比增长40.8%。

如何才能在如此多的优秀创作者中脱颖而出？关键在于进行差异化的竞争。

账号进行差异化定位，一是做给用户看，给他们一个关注的理由；二是做给平台算法看，让平台给予流量和支持。

差异化的账号定位，要么第一，要么唯一。否则会迷失在快手海量用户的汪洋大海中，粉丝会流失，机会也会消失。定位趋势就是选择，是极致的选择、与众不同的选择，在客户心智中独一占位。没有定位就没有地位。

第三，获得平台流量扶持。

所有的互联网平台，包括快手、抖音、小红书等，都有各自的垂直细分类目，平台都希望自媒体账号能够响应号召，在各自的垂直领域内产出内容。做好账号定位，切入相应的垂直领域，才能得到平台更多的流量支持。

第四，明确变现方向。

涨粉和运营快手账号的终极目的是变现。因此，前期要综合粉丝受众画像、自身的内容生产能力和变现模式去做好账号定位，才能保持后续内容的持续产出，在定位指导下确保账号持续运营，提升账号的价值和变现潜力。

（2）如何找准账号定位

找准账号定位，要做到三个匹配。

第一，兴趣和能力要匹配。

在选择账号的垂直领域时，首先考虑自己的兴趣领域，如果有兴趣驱动，就愿意付出时间和精力来运营快手账号。其次要考虑兴趣和能力的匹配，即仅仅有兴趣还不够，还要具备在兴趣领域持续创作、持续输出内容的能力。

第二，标签和内容要匹配。

平台会对每个账户都贴标签，要确保内容、视频的标签同账号标签相匹配，系统才能将内容精准推荐给具有相匹配标签的目标用户。

第三，粉丝和变现相匹配。

多从变现规划的角度去倒推涨粉问题，根据将来账号变现所针对的目标客户群，为目标粉丝画像考虑什么样的账号定位、什么样的内容才能吸引目标粉丝群体。有针对性地进行账号定位和引流吸粉，将变现问题前置，变现之路才会更通畅。

（3）账号定位的四个步骤

账号定位可按以下步骤进行。

第一，明确细分的垂直领域。

找到自己擅长的领域或类别的切入点，这是从0到1最关键的点。切入点足够细分和垂直有助于未来精细化的运营，产生与商品强相关的视频内容有利于后续更好地实现商业变现。

第二，创建差异化的账户。

差异化的账户能够让用户清晰感知账户的形象，使记忆点鲜明，或者接地气，能让账号更有辨识度。

第三，吸引特定的粉丝群。

不要试图吸引所有人，只需吸引特定的粉丝群即可，只有气质相近的人才会互相吸引。要准确了解粉丝画像，以便提供与之匹配的内容。平台公平的算法会把你的内容和产品推荐给他们。

第四，找到可持续的内容创作模式。

要找到适合自己的可持续的内容创作模式。站在用户的角度，用心打造优质内容，用内容俘获用户的心才是王道。

2. 快手账号定位的原则与维度

运营快手账号的终极目的是变现，在账号定位之初，就要让粉丝明白“这是一个要变现和商业化的账号”，切忌将账号当作朋友圈，即纯粹是为了记录生活而没有任何特色和规划。

给账号定位是为了迎合平台算法，增加粉丝黏性和价值，利于变现。为此，给账号定位要符合、顺应如下基本原则和维度。

（1）账号定位的基本原则

快手账号定位要符合以下基本原则。

第一，垂直原则。

账号定位要垂直、精准，越垂直、越精准，账号的价值才越高。一个快手账号要专注一个细分垂直领域去深耕内容、持续输出，而不要针对泛群体去做泛内容，看什么内容火就去分享什么内容，否则最终只会竹篮打水一场空，无法沉淀精准用户。

第二，价值原则。

要致力于为用户分享有价值的内容，有价值的内容不仅能获得更多的推荐和流量，而且更容易吸引用户关注，提高涨粉速度。账号运营方在分享内容时，要具备价值思维，反思自己的内容能为用户带来什么价值。

第三，深度原则。

将创作类型固定在某个特定领域，持续深耕，挖掘出更多有价值的深度内容分享给用户。

坚持在垂直领域深耕的创作者是各大平台最喜欢的，更容易获得平台的认可与扶持。创作者在平台获得认可之后，账号权重增加，曝光率增加，推荐量自然会增加，收益和粉丝数量会快速增长，从而在平台脱颖而出。

第四，持续原则。

快手账号运营时输出内容并不难，难的是持续输出优质内容，保持稳定的更新频率，才能持续为用户提供价值，账号才能获得稳定的流量。

运营快手账号可能短时间内不会爆火，但只要坚持输出优质内容，时间长了自然会获得大量用户的喜爱。

快手账号持续输出内容，不仅考验运营者的内容创作能力，还考验运营者的内容规划能力。在账号定位之初，就要深思自己是否具备相关领域内容的持续输出能力。

（2）账号定位的基本维度

账号定位可以借助三个维度的综合分析结果来确定。

第一，行业维度。

进入一个行业，少不了行业分析，包括以下三个方向。

首先，分析自己所从事的行业。快手账号运营者分析自己所从事的行业与工作，找到同快手平台细分垂直领域的切合点，据此来做快手账号的垂直定位。例如，健身、旅行、美食、母婴、美妆、舞蹈、教育、动漫、游戏等行业的从业者，就会很容易地在快手平台找到自己的细分领域。

其次，分析行业数据。要了解细分领域快手账号的最新玩法，熟悉用户喜欢的内容和方向，分析快手行业数据，可借助一些第三方的工具来获取，如飞瓜数据、新榜有数等。

最后，分析同行数据。分析细分领域内的大V、排名靠前的头部账号，了解细分领域的行业竞争现状，了解头部玩家的集中度有多高，了解该领域内哪些人做得最好，研究他们的运营模式。

第二，个人维度。

从个人维度分析自己的优势：能做什么？擅长做什么？在优势领域进行定位，才能确保账号持续输出高质量的内容。

个人维度分析可借助SWOT分析法（也称态势分析法）来进行，SWOT分析法中S（strengths）是优势、W（weaknesses）是劣势、O（opportunities）是机会、T（threats）是威胁（见表2-1）。

表2-1 SWOT分析法

要素	分析
S（优势）	别人能够做好，自己未必行。比如，一些明星、网红、KOL的流量、粉丝量都很高，变现能力也很强，但他们所具备的名气、颜值、才艺、技能优势，普通人很难模仿，也不具备。要理性、客观地分析自己的优势：唱歌？跳舞？反串？颜值？技能？声音？厨艺？如果在这些方面有独到之处和较深的造诣，就可以作为定位方向，同时还要考虑自己是否具备持续输出相关优势领域内容的能力
W（劣势）	找出自己的缺点，在账号定位时要绕开自己的缺点。在内容中也要注意规避缺点。对于缺点，心理强大者也可以选择直接面对，甚至自黑，敢于吐槽自己的缺点，反而让别人不好再吐槽
O（机会）	分析同行大号，罗列出他们的细分方向和优势标签，找出未被占领的细分领域，同自己的优势和特色相结合，贴上相应的标签，就是自己定位的机会
T（威胁）	找到自己擅长的领域后，分析同行标杆账号的特点，如果与自己的擅长领域重复，则是威胁，作为后来者，很难在同质化的方向上超越他们。因此，要注意规避重复点，避开威胁，尽可能做到定位上的差异化，让粉丝有记忆点

第三，竞品维度。

竞品一般瞄准账号待定位领域的头部账号，通过对竞品账号的分析，不仅可以实现差异化的定位，规避威胁和劣势，而且通过对竞品账号的学习与借鉴，能实现超越。

如何精准地去搜寻一些同行大号呢？这里有一个数据统计网站：https：//kolranking.com/kuaishou/users/。该网站上有各类细分领域的快手KOL数据和网红排行榜。打开网页，是一个总的快手账号排行榜，呈现的内容包含所处城市、粉丝量等数据（见图2-1）。在各垂直细分领域，也都有账号排行榜。

1	快手小店	北京 海淀区	1.7 亿
2	辛有志 辛巴 818	黑龙江 哈尔滨市	9033.1 万
3	央视新闻	北京 海淀区	5863.8 万
4	人民日报	北京 朝阳区	5175.6 万
5	散打哥_11月25感恩节	广东 广州市	5109.8 万
6	白小白 往后余生只爱你	吉林 长春市	4971.3 万
7	爱美食的猫妹妹□	None	4511.7 万
8	二驴的10点直播	广东 广州市	4305.1 万
9	神秘人	None	4144.6 万
10	快手小助手	北京 海淀区	4138.5 万

图 2-1　快手头部账号排行榜

此外，还可以通过蝉妈妈、都查查、飞瓜数据等第三方工具选择相应领域，查找相应的竞品账号。

对竞品账号的拆解分析可从以下角度展开（见表2-2）。

表2-2　竞品账号分析

分析方向	分析内容
账号维度	从用户名、简介、头像、背景图等方面去分析
内容维度	从视频封面、结构、内容等方面去分析，尝试用几个关键词来总结
用户维度	竞品账号粉丝群体的基本属性（如人群、男女等）、粉丝喜好、粉丝状态和粉丝触点
数据维度	从视频的播放量、点赞量、评论量、转发量等数据去分析竞品账号的特点
变现维度	分析竞品账号的主要变现模式、盈利方式

根据以上分析结果，就可以结合自身优势，开启差异化定位，错开竞争。定位的一个目的是抢占客户心智。根据《切割营销》的理论，定位还要“站在竞争的角度，对复杂的市场进行切割，找到一个让消费者接受我们的区域，快速认同我们，规避与强大竞争对手的竞争，同时将竞争对手逼向一侧”。

3. 领域：垂类思维与垂直深耕

账号定位要具备垂类思维，即定位垂直领域并在细分领域进行垂直深耕。

所谓垂直领域，通俗地讲，就是快手平台已经做好了搭建工作，各类自媒体用户只需要在平台分类出来的某个领域做深度挖掘和内容创作。换句话说，就是平台负责做大做强，自媒体负责做细做精。快手搭台，用户唱戏，唱出自己的特色与优势，才能让更多人认识你、关注你。

快手账号可分为泛娱乐性和垂直性两大类。泛娱乐性账号涵盖的领域较多，流量也较庞杂，但不够精准，变现能力较差，如很多娱乐搞怪类的视频。而垂直性账号具有明确的行业指向性，如汽车、服装、教育、美妆、旅游等，由于定位清晰且专一，其粉丝也更加精准，潜藏着更大的商业价值。

在海量的快手创作者账号中，怎么才能让用户快速地记住自己的账号呢？这时就需要打造一个垂直度很高的账号。

（1）垂直定位的优势

一方面，有助于吸引垂直领域的精准粉丝；另一方面，也能够更好地迎合平台算法，获得更多的推荐和流量。

账号定位越垂直越好，账号定位越精准、越垂直，粉丝越精准，变现越轻松，获得的精准流量就越多。账号越垂直，未来的变现潜力就越高。

第一，有助于吸引精准粉丝。

由于内容同质化严重，使得快手主播引流涨粉日益困难。而若是将内容细分，瞄准垂直赛道，则能够更好地获得用户的关注度。

聚焦垂直细分领域，能够帮助账号提升流量效率与用户留存，吸引精准粉丝。由于快手的垂类账号对其垂直领域的了解足够深入，输出的专业性内容也能够精准地触达用户，所以才会扩展出较多的潜在客户。另外，专业化的主播拥有极高的话语权和影响力，垂类主播只要把内容做到极致，就会在很大程度上提高用户黏性。

第二，能够获得平台流量扶持。

快手账号的运营绕不开垂直领域这个话题，快手官方指导里也明确推荐新用户做垂直领域的内容，这样可以得到更多的推荐。

快手从细分赛道上切入，在内容上变得更加细化。比如，快手的主播已经涵盖了美食、体育、媒体、二次元、时尚、游戏、音乐、汽车、搞笑、宠物等20多个垂直细分品类。另外，快手对垂直内容领域的创作者，也给予了更多的扶持计划，其中就包括流量扶持。在快手光合创作者大会上，快手官方公布了20个重点扶持的垂直领域，其中包括美食、体育、媒体、二次元、时尚、游戏、音乐、汽车、搞笑、萌宠等。

快手细分赛道扶持战略已经取得了显著成效。比如，快手平台已经成功打造了垂类账号矩阵，其中服饰鞋包类主播蛋蛋、美食类主播猫猫（见图2–2）等头部主播，都表现得非常亮眼。

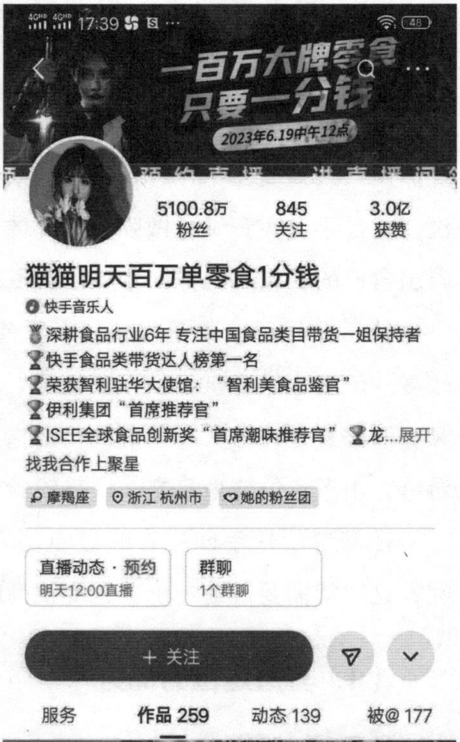

图 2–2 “猫猫”快手账号主页

第三，变现能力更强。

发力垂直细分领域，能提高账号商业化变现的能力。美拍2023年发布的《短视频达人发展趋势报告》显示，越是内容垂直细分的达人，其商业变现就越容易。快手之所以深耕垂直品类，就是因为垂类主播更容易吸引特定群体，带来高转化率。而且垂类主播也能让广告投放更精准，从而吸引更多广告主提升其整体商业价值。

（2）垂直定位：一个账号专注一个领域

垂直定位就是一个账号只专注做一个垂直领域。比如要做一个美妆账号，那么该账号发布的所有视频都要同美妆相关，不能今天发美妆，明天发亲子，后天发娱乐视频，否则不仅无法吸引垂直领域的粉丝关注，还会导致账号权重降低，获得的初始推荐流量也会减少。

第一，保持账号垂直。

账号垂直表现在个人IP名称垂直、标签垂直、视频内容垂直、封面风格垂直、主题思想垂直、行业领域垂直等，账号的各个方面都要依据定位和垂直内容快速打上垂直标签，吸引精准粉丝，增加粉丝黏性。

第二，只做垂直内容。

很多人担心保持同一领域和风格的内容创作比较局限。其实不然，垂直细分是持续内容输出的原则。将一个领域的内容细分出来，虽然风格、呈现方式等都一致，但是细分出来的内容和点有很多，可以从各个细分点入手，仍然有很多可以创作的空间。

账号的定位决定了视频的内容，视频垂直内容又决定了账号的运营方式及后续的变现方式，所以起初账号的定位和垂直内容就已经决定了账号未来的发展方向和变现能力。

（3）垂直定位的两种方式

快手有两种账号定位的方式。

第一，不做产品。

可以结合自己的优势和平台的知名度，定位自己的账号，制作短视频内容，通过输出有价值的内容来吸引粉丝。

第二，有产品。

可以通过自己的产品并结合平台的垂直品类来确定该做什么类型的垂直账号，结合自己的优势和平台的知名度来打造相关内容，用产品来吸引粉丝。

确定好账号定位后，还需要做以下几件事。

第一，找准垂直服务领域，明确目标群体。结合自身优势，选择适合自己的垂直领域。

第二，发掘群体需求，提供精准服务。分析目标受众的需求和痛点，在此基础之上，策划内容，制作视频，有的放矢，效果更佳。

第三，不断精进试错，提升自身能力。根据运营效果及引流、粉丝反馈效果，不断调整策略，精进技艺，提升自身能力，提升短视频创作能力。

第四，与时俱进，紧跟热点和爆点。专注做内容的同时，不要忽略同行和外界的动向，了解当下的热点和爆点，直至引领潮流，制造爆点。

4. 人设定位：打造人格化的IP

开始打造自己的快手账号前，先要做好这样的心理准备：养成游戏开始，要把快手当成自己的社交平台，真实地生活在上面，表达的内容是带有自己心血、特长和个人趣味的。

如何让机器和观众能更好地“认识”自己呢？即建立人设。有了好的人设，才能更好地被算法识别并分发流量，也才能更好地吸引目标受众的喜欢和关注。能够轻易被识别，才能被更多用户喜欢。

简单来讲，人设就是设定，比如账号主理人是女的还是男的、是宝妈还是单身、是来玩的还是来创业的，做好人设定位，能给账号加分，更容易建立目标受众的信任感。

人设定位关键在于打造人格化的IP形象。IP，英文全称为Intellectual Property，直译为知识产权。

个人IP，可以理解为个人品牌、个人形象以及个人专属标签。个人IP是一个人言谈举止的集合，是个人标签、人设的定位与塑造。你的IP品牌，就是别人对你的印象、信任与评价的总称。

在互联网时代，只有两种人：一种是有IP的人，另一种是没有IP的人。个人IP打造得好，名利双收；而缺乏个人IP，可能举步维艰。

一个好的IP可以增强账号的辨识度，深化粉丝对账号的认知及信任感。具备人格化IP的账号需要满足以下属性。

第一，文化属性。

此处所讲的文化，不单指文化知识，而是基于人文、专业技术方面的文化属性。

第二，情怀属性。

每个人都有情怀，现在快手平台上很多地理IP、动物IP、虚拟IP都有情怀。账号主理人要打造人格化的IP，就更必须有自己的情怀属性。

第三，符号属性。

符号就是指IP名称、账号包装，以及服饰道具等感官效果是不是有独特的辨识度。符号要与IP属性融为一体，不能强行植入。

第四，传播属性。

IP最大的特征是传播，如果大部分粉丝都没有自发传播你的动力或冲动，那基本上可以判断你还不具备IP属性。

当账号主理人被贴上标签，与账号标签融为一体时，他便拥有了属于自己的IP。

简单理解，IP就是人设。你能给别人什么印象？你的标签是什么？你的角色是什么？人们提到你的时候，最先想到的是什么？

IP定位其实就是给自己立一个人设，通过不断明确、加强账号及账号主理人角色特质。人设定位是人物展现给粉丝的一个直观形象，即人物的外在形象和内在性格。这种外在形象和内在性格会通过账号分享的视频内容而不断强化，直至成为独一无二的辨识标签，牢牢占领粉丝的心智。

图 2-3 “辛有志 辛巴 818”账号主页

例如，快手超级网红、拥有近亿粉丝的“辛有志 辛巴818”，给自己立下的“农民的儿子、草根商人”这样与快手用户群体相贴合的人设博得了不少粉丝的好感，在其账号主页也有“出于农民 馈于百姓”的标签介绍（见图2-3）。

如何打造一个好的人设和IP定位呢？可从以下维度来展开。

（1）塑造独特的辨识度

辨识度是打造IP的第一步，其遵循两大原则：专属特点和匹配。

辨识度指的是和别人的差异化区分，让粉丝容易记住。比如号称快手官方“纪律委员”的“散打哥”，人称八卦教父、高端八卦领导者的“二子爷”，快手娱乐脱口秀的王者“二驴”，娱乐脱口秀顶流、全网最真实善良的主播“MC方丈”等。有了这些明显特征的人设加持，让博主将自己的特色发挥到最大化并在观众的心中形成了鲜明的性格特征，十分利于博主在观众心中形象的建立。

在设计人设/角色的时候，需要有能让观众印象深刻的“点”，观众才能真正记住这个人物、记住这个账号。打造人设的辨识度可以从人物性格、经历、穿搭、口头禅（高频词）四个方面入手。

如果形象上没有特点，建议用一个吸引眼球的道具作为辅助，甚至可以在旁边放一只猫、一只狗，以表现博主对小动物的喜爱，让人联想到善良这个属性。

这里的匹配指的是账号IP、主理人形象与视频内容格调的一致，避免出现偏差、损害IP形象。

（2）塑造人设

人设，即账号主理人的任务设定。在塑造人设的过程中可以使用SRIL法则（见表2–3）。

表2–3　SRIL法则

S（strengths，优势）优势分析	包含两种：硬件优势、软件优势。硬件优势是在一定时间内难以改变的东西，如身高、颜值、性格等；软件优势则是可以通过学习、努力来获得的优势，如各种领域的专业知识等
R（risk，风险）风险分析	分析在未来是否会招惹麻烦，主要考量四个维度：法律、道德观、价值观与隐藏的黑料。从法律层面，不得触犯法律边缘，挑战国家社会底线；从道德观层面，不得做有违道德底线的事；从价值观层面，需符合社会主义核心价值观；从黑料层面，查询达人有没有隐藏的黑料，若有，则随时可能导致人设崩塌

续表

I（identity，识别度）识别度分析	构建人设时，和其他类达人进行横向对比，看看和他们之间有什么区别，寻找自身优势；和同类达人进行纵向对比，看看和他们之间有什么区别，寻找自身优势
L（liquidity，变现能力）变现能力分析	是否拥有变现能力、人设是否有商务合作价值，以及未来是否有商务合作的可能性

运用SRIL法则时，分析者需通过上帝视角，来分析博主身上每一个可能有的优、缺点，全部列下来，做通盘分析。找到其优点及短板，优点进行加强，短板进行弥补或规避，塑造出有个人风格特点的IP。

（3）形成专属风格

根据自己的性格、兴趣爱好去定位博主风格标签，无论什么样的风格，都要能和粉丝有一个良好的互动。新手博主可以把自己的性格爱好一一列出来，从中寻找到适合自己的风格定位。

博主风格一定要在自己的性格特点的基础上进行放大，不能背道而驰选择完全不符合自己的风格，这样很难坚持下去。博主的风格可以结合个人性格、形象、优势、兴趣爱好等要素，并结合粉丝群体的画像和喜好去设定幽默风趣型、活泼可爱型、御姐型、成熟稳重型、辛辣犀利型、知识专家型等。

在博主风格方面找准自己的定位，在不断的内容分享中加强和放大，建立一个识别度较高的博主风格。

一旦博主风格确定，就不要轻易改变，应该坚持下去，不断加深粉丝的印象，直到形成自己的专属风格。

（4）专属内容IP、专属标签

账号输出的内容要有明显的差异化特征和强烈的个人特色，要在自己的垂直领域内传递有价值的内容，将自己所属的垂直领域彻底钻研透，将专业化的内容呈献给粉丝，以提高粉丝信任度和粉丝黏性，形成自己的专属标签、专属细分领域。

博主必须有自己的闪光点或特点，才能让观众记住。浮夸的着装打扮可以是一个标签，洗脑式的口头禅也可以是一个标签，例如，快手美妆博主“认真少女_颜九”的口号是“一分钱都不许你多花”（见图2-4）。

图 2-4 “认真少女_颜九”快手账号主页

标签并非越多越好，一个人具有2～3个标签是最好的，而这些标签需具有识别度和精准度，要尽量选取博主最擅长的去做；反之，标签越多，越容易降低识别度。

5. 包装：符合定位，强化人设

确定账号垂直定位后，应基于垂直定位对账号进行包装。

账号资料必须尽快完善，越详细越好。快手上被推荐的短视频都采取“机器+内部人工审核”的双重机制，如果是机器审核，第一批筛选掉的就是劣质账户的短视频，而那些资料不齐全的账户的短视频将很可能会首先被排除出局。

具体来说，设置账号名字、账号头像、账号简介、主页头图、快手号等都属于账号包装的范畴。

账号包装的意义表现在以下几个方面。

第一，强化定位。

账号相关信息的包装需要同账号的垂直定位保持高度相关，通过账号包装，能够直白地告诉潜在用户“你是谁”“你打算做什么”“你有什么优势”，能够有效地展示你的与众不同和专业性。

第二，流量良好的第一印象。

对待陌生人，我们习惯“以貌取人”，对于初次接触的陌生账号，用户也有同样的心态，都会通过账号的一些基本信息去判断。完善的账号信息、完美的账号包装能给用户留下良好的第一印象。

第三，增加账号权重。

资料完整的账户能更容易被系统识别到，会增加账户权重，增加曝光率和流量。

第四，增加关注。

当新账号发布视频后，快手推荐机制会将作品推给具有同类标签的陌生用户，如果账号主页没有任何有效信息，陌生用户即使被视频打动而点赞、评论，往往他们也不会关注；相反，如果账号在发布第一条视频前就已经做好了充分准备，已经充分完善账号信息，那么当陌生用户进入账号主页，发现账号简介所呈现的信息恰好是他们所关注的，就会点关注。

进行账号包装时，不要放过任何一个可以呈现信息的地方。但要遵循一个原则：一切账号信息的呈现都是为了帮助我们的账号变得更垂直。

（1）用户名

用户名，即快手账号的名字、昵称。如何取个好名字？要掌握好以下要点。

第一，差异化。

用户名要避免同质化，快手用户名重名的非常多，新注册账号权重相对较低，如果重名较多，那么展现也会相对靠后。在确定用户名之前，务必将备选名字在快手搜索框里进行搜索，以查看重复的情况，如果重名者较多，就要换名字，确保差异化。

另外，名字要体现出差异点，比如服装、穿搭领域的账号，如果名字叫“××女装”“××男装”“××穿搭”，对粉丝来说，就没有差异点，也没有什么值得关注的价值点。

图 2-5 快手穿搭类账号

此时需要对行业继续切割、细分，直至找到独特的差异化亮点，比如穿搭方面的细分账号可以这样命名："130斤穿搭分享"（见图2-5）、"150斤乔妹（微胖穿搭）"、"春棱家居穿搭"等。此类用户名就有明显的差异点，更容易吸引精准粉丝。

第二，容易记。

一个好的快手用户名一定是简单直接、朗朗上口、容易被记忆的。名字既不要太长，也不要太短，太长的名字不容易记忆，而越短的名字越容易重复。

这里有两个原则：首先要有记忆点，好传播，别人才好记。其次，让别人一看名字就知道是做什么的，让人产生联想的名字也能强化记忆。

第三，贴合定位。

图 2-6 "大娇有氧健身运动"账号主页

让用户通过名字就知道你是做什么的。精准的用户名还可以过滤掉那些不精准的意向客户，假设你是做亲子教育领域的，不关心育儿的朋友就会自动划过你的账号。

贴合账号垂直定位的命名方式有三种。

①行业+名字。所处的行业加上个人名字，如美食作家×××、×××健身等。

②名字+所做的事情。例如，"大娇有氧健身运动"（见图2-6）、"朴智妍教穿搭"。

③地点+名字。适用于同城账号，可以结合前面两条公式去做一些延伸，如"上海房产小林""成都美食阿娟""广州美食小侦探"等。

一个好的用户名应当简洁、直接，同自己的专业方向直接相关，让用户一眼就能知道你是做什么的，好名字自带品牌效应，要避免取一些空洞、故弄玄虚的名字。

（2）头像和背景图片

如果是突出个人的快手账号，建议放置个人照片作为头像或背景图片，容易营造信任感，且可信度更高，而照片要选用一些高颜值、有特色的形象照，尽量不要采用生活照，尤其是颜值普通者。

企业组织的营销账号可以用组织logo作为头像，而一些细分专业领域的账号也可以设计一些个性鲜明的头像和背景照片，以此来作为自己的识别符号。

（3）账号简介

简介栏在账号主页占的空间比较大，要充分利用起来。优质的个人简介要满足以下要求。

第一，用一句话表达清楚自己的定位，告诉用户你能为他们做什么。

第二，要体现差异化，即与同行的不同之处。

第三，要突出自己的优势和卖点，能打动用户关注，让他们产生信任感。例如，“石家庄蕊姐”的个人简介为“有对服装30年的热爱与专业！懂面料、懂生产、懂设计，帮你们省钱，买又好又便宜的东西和衣服！”（见图2-7）。

图 2-7 “石家庄蕊姐”账号简介

对于老号、大号，则可以在简介栏分享一些产品上新及直播信息、产品信息，如“每晚7点直播间与你分享好货”“每天00:00准时上新，请你持续关注”“视频同款请进直播间购买”等。

6. 个人资料避免违法违规内容

进行账号包装，尤其是设计个人资料中的头像、背景、昵称、个人介绍时，要注意避免出现以下违法违规内容。

（1）常见违法违规内容

个人资料中常见的违法违规内容包括但不限于以下这些（见表2-4）。

表2-4 违法违规内容

类别	违法违规内容
违法广告	①医疗类售卖推广信息。 ·关联治病、夸大功效的营养品、保健品、食品等。 ·资质缺失或未经审核的医疗、医美产品或服务，如热玛吉、开眼角、隆胸术、激光祛斑、抽脂手术、在线问诊服务等。 ②假冒伪劣、虚假宣传类售卖推广信息。 ·假冒伪劣、盗版或三无商品，如高仿包、复刻表、高仿鞋、三无食品、化妆品等。 ·虚假夸大宣传、承诺功效，如虚假承诺日化产品一抹变白、夸大宣传减肥效果（10天瘦10斤）等。 ③金融类售卖推广信息。 股票、基金、保险、贷款、投资理财、证券、虚拟货币、信用卡等金融产品或服务，如股票推荐、荐股软件、信用卡办理、养卡、代还、贷款软件、高利贷、小额贷、投资理财服务、证券服务、套现服务、POS机、比特币、莱特币等。 ④虚拟类售卖推广信息。 ·实名账号（包含出租、租赁、借号），如销售已经实名的手机号、微信号、QQ号、快手账号等。 ·网游类非法产品或服务，如推广游戏外挂、提供破解游戏防沉迷服务等。 ⑤网络兼职服务推广信息。 刷单诈骗风险产品或服务，如网络兼职、互联网创业等。 ⑥烟草类售卖推广信息。 烟草、电子烟、烟草专卖品及烟草专用机械，如香烟、电子烟、烟弹、烟油等

续表

类别	违法违规内容
封建迷信	①提供以挡灾避难、祈福求福、测算未来为目的的无事实科学依据的封建迷信服务，如开堂口、跳大神、看风水、看阴宅、算命、测姻缘、做法事、养小鬼等。 ②传播有神论、鬼怪论等封建迷信思想，如转世轮回、喊魂招魂、阴兵借道、请鬼上身等。 ③展示封建迷信用品，如符纸、迷信书籍、与迷信活动相关的锦旗、五大仙家神像等
侵犯隐私	未经他人允许，散布、买卖、窃取或泄露他人隐私信息，如公布他人联系方式、曝光他人肖像、非法买卖他人信息、恶意人肉他人、冒充他人等

（2）色情低俗内容

个人资料中常见的色情低俗内容包括但不限于以下这些（见表2-5）。

表2-5　色情低俗内容

类别	色情低俗内容
色情交易	①售卖、索求色情资源。 ②推广销售色情信息，如提供卖淫嫖娼色情服务、发布色情从业人员招聘信息及提出约炮、裸聊、一夜情类交友诉求。 ③传播色情网站网址、App
色情画面	①展示色情画面，如裸露敏感部位（胸部、臀部、性器官等）、存在性行为的图片或通过语言文字直接描述性行为的过程画面。 ②推广销售色情文艺作品，如色情文学、小说、动漫、漫画、影视剧等
暴露着装	①使用穿着诱惑性款式服装的图片，如穿着情趣制服、情趣内衣、透视装、紧身衣、真空装、凹凸透点装等。 ②使用穿着衣衫不整、含诱惑性含义的图片，如胸部、腿部皮肤大面积裸露（胸部暴露超过三分之一、腿部暴露超过三分之二）、非合理场所仅穿比基尼、内衣裤等。 ③使用着装暴露、姿势不雅的动漫、漫画人物图片，如漫画人物露点凸点、游戏动漫等二次元人物脱衣图
低俗性暗示	①使用涉及低俗性暗示的文字，如描写身体敏感部位引导产生性联想的文字、暗示性行为或生理反应的文字。 ②展示动物交配或刻意展示动物生殖器的图片。 ③表达特殊性癖好诉求，如宣扬恋足癖、性虐恋等。 ④展示或销售成人用品，如避孕套、情趣用品等。 ⑤利用性暗示的文字或画面诱导宣传群组、引导联系、下载软件等，如利用穿着暴露、性感制服的女性形象诱导加福利群组等

（3）违背公序良俗的内容

个人资料中常见的违背公序良俗的内容包括但不限于以下这些（见表2–6）。

表2–6 违背公序良俗的内容

类别	违背公序良俗的内容
侮辱诽谤	①辱骂诽谤他人，侮辱他人人格，如污言秽语，攻击辱骂他人身份、肤色、身体健康、父母宗亲，刻意丑化他人等。 ②侮辱弱势群体，如辱骂、歧视、调侃、嘲笑弱势群体，以及利用弱势群体炒作营销等。 ③宣扬歧视与偏见，挑拨、煽动、制造矛盾，如地域歧视、种族歧视、群体歧视，以及借国籍、种族、籍贯、性别、身份特征等发表侮辱性、攻击性等不友善言论
不当言行	①使用不文明用词用语，展示不文明或挑衅动作的图片。 ②刻意发布引战内容，如拉踩艺人、粉圈攻击引战、游戏引战、踩一捧一等。 ③发表不当立场，如支持或美化不文明行为的言论等
引人不适	①展示密集恐惧的画面，如脸部密集的痤疮、大面积昆虫等。 ②展示恶心反感的画面，如排泄物、生吃内脏等。 ③展示血腥画面，如虐待宰杀动物、动物打斗、自虐自残、血腥伤口等。 ④展示恐怖惊悚的画面，如骷髅、恐怖娃娃等。 ⑤使用易引人不适的词汇，如吃屎、喝尿等
不良价值观	①宣扬炫富和拜金主义，如使用的图片中展示大量现金等。 ②宣扬不符合主流的婚恋观，与主流价值观相悖，挑战大众认知，如支持婚外恋、不正当男女关系、PUA等。 ③传递负面或不良情绪，如传播丧文化、渲染悲观厌世的情绪等。 ④进行话题炒作，如炒作网红间的矛盾，恶意攻击、辱骂、煽动粉丝情绪，利用猎奇或不当行为恶意博取关注等

（4）与未成年人相关的违规内容

个人资料中常见的同未成年人相关违规内容包括但不限于以下这些（见表2–7）。

表2-7 与未成年人相关的违规内容

类别	与未成年人相关的违规内容
不良行为	①展示未成年抽烟、喝酒的画面。 ②展示未成年人实施、参与暴力行为的内容，如展示打架斗殴、校园霸凌的画面，发布带有挑衅、约架性质的言论等。 ③展示不适合未成年实施的行为，如未成年人扮演模仿不良角色、网吧上网、文身蹦迪、辍学退学、违法打工等。 ④展示含有虐待、家暴、羞辱、遗弃、猥亵、暴露隐私等侵害未成年人合法权益的内容。 ⑤传播影响未成年人身心健康的黑暗童话或恐怖故事，展示未成年人参与拍摄的不良剧情。 ⑥展示涉及未成年人的低俗作品，如恋童癖等内容
恋爱婚孕	①展示早恋、结婚、怀孕、生子行为，如展示亲密合照、恋爱身份、孕期情况等。 ②表达早恋交友诉求
着装暴露	①展示未成年人裸露、走光的画面，如婴幼儿下体裸露等。 ②展示未成年人穿着带有低俗性暗示倾向的衣物，如女童穿着衣领过低、空姐装、护士装、女仆装等款式暴露的衣物，男童穿着丝袜、网袜，赤裸上身等。 ③展示未成年人不雅姿势、动作的画面，如揉胸、顶胯、秀腿、秀曲线等。 ④展示拍摄角度聚焦隐私敏感部位的画面

（5）违反平台秩序的内容

个人资料中违反平台秩序的内容包括但不限于以下这些（见表2-8）。

表2-8 违反平台秩序的内容

类别	违反平台秩序的内容
引流行为	①通过非官方认可的方式进行宣传、推广其他平台服务或产品，存在风险的营销和引导线下联系的行为，如引导下载、点赞关注、展示二维码等。 ②通过欺骗性承诺引导用户关注、点赞、评论、加好友等，如欺骗性承诺他人涨粉、情感交友、送礼物、加联系方式等

续表

类别	违反平台秩序的内容
干扰秩序	①辱骂、攻击、冒充平台或平台工作人员，如盗用快手平台官方账号头像、昵称冒充官方。 ②发布或引导用户参与非官方渠道抽奖活动的相关内容，如活动预热、奖品展示等
仿冒行为	包括仿冒他人的个人资料（头像、昵称、简介等），使用该身份诱导欺骗他人等。 以下仿冒类型可能导致个人资料上传功能封禁甚至账号封禁的处罚： ①仿冒公众人物或知名人士的行为。 ②仿冒国家机关或官方媒体的行为。 ③仿冒快手官方。 ④仿冒他人并被他人举报

第三章

内容运营：基于算法规则定内容策略

内容生产者立足于快手平台的最大仰仗是内容，而内容运营是快手创作的关键环节。优质内容是账号吸引用户的制胜法宝，也是涨粉、变现的基石所在。

作为UGC平台，快手的算法机制目的是实现内容生产者和消费者之间的良性循环。因此，内容生产者要基于平台算法机制来制定账号的内容运营策略。

1. 基于平台规则，制定内容策略

快手的算法机制目的是实现内容生产者和消费者之间的良性循环。

算法的核心是理解，理解用户、理解内容、理解彼此之间如何交互，再根据理解进行匹配，要着重考虑如何让人和人之间、人和内容之间以合适的方式触达对方。UGC视频数量巨大。从用户的角度而言，推荐系统的目的就是帮助两类用户。一类是内容消费者。在内容消费者面对海量信息时，平台提供更符合他们喜好的内容，帮助他们找到自己真正感兴趣的内容，并带给他们惊喜的体验。另一类是内容生产者，目的是能够顺利帮助他们曝光内容，得到广大用户的关注。

从平台的角度来说，快手作为一个UGC短视频社交平台，最重要的就是用户黏性，想要提高并持续保持住自己的流量，唯一要做的，就是能够让内容生产者和消费者之间形成有效流转的闭环，实现内容消费者和生产者之间的双赢。

个性化推荐的做法让内容生产者明确自己的商业变现方法，即人人都有机会成为网红，都有机会变现。内容和用户的高度匹配，能够持续不断地吸引更多创作者创造优质内容，从而吸引更多消费者，而良好的用户反馈又会促进内容生产者生产，各取所需。

内容生产者立足于平台的最大仰仗是内容。而内容运营是快手创作的关键环节。优质内容是账号吸引用户的制胜法宝，也是涨粉、变现的基石所在。

（1）快手平台的三类内容

视频只是快手平台的一种主要内容形式，也是各类账号发布内容的主要呈现方式。快手平台上的内容不只是视频，还包括直播和电商。

第一，视频内容。

视频内容是平台和账号赖以生存和引流的基础。在早期，快手平台起家靠的主要是11秒的短视频。后来，逐渐增加了视频的长度，用户可以上传30分钟以内的中长视频。

快手发布视频有以下几种方式。

5分钟内：手机端打开快手App，点击页面下端中间图标“+”进入拍摄页面，即可进行。

15分钟内：手机端打开快手App，点击页面下端中间图标“+”进入拍摄页面，点“相册”进入本地视频选择要导入的视频，之后点击“下一步”进入编辑页面，选择“发完整视频”按钮，再点“下一步”发布作品。视频时长为导入的视频总时长。

15分钟内视频最多可选择31段，大小不能超过2GB。

30分钟内：手机端打开快手App，依次点击页面右下角“我”—右上角“…”—“创作者中心”—“全部服务”—“高清上传”—“上传视频”。支持上传最大1GB的视频文件。

如果说短视频主要是愉悦用户，那么中长视频主要是给用户提供价值，能带给用户更高的信息价值和更强的获得感，是一种介于长、短视频之间的内容形式。

短视频可以选择通俗、简单、有吸引力、无须动脑的内容，中长视频则需要分享干货和价值。

不建议新手太早发布中长视频，因为新账号没有粉丝加持，视频越长完播率越低，不利于系统推荐和账号权重积累，而且原创中视频的创作难度也较大。新账号可以先从短视频起步，积累粉丝和账号权重之后，再考虑发布中长视频。

第二，电商内容。

电商是离金钱最近的渠道，也是快手平台力推的一个战略方向和盈利出口。

快手积累了庞大的日活用户之后，就开启了电商之路，电商内容是快手平台内容的一个重要构成部分。快手是一个好逛、有趣、让老铁信任的优质电商平台，是拥有超过1亿人边看边买的消费直播平台。快手小店则是快手推出的电商服务工具，旨在为平台提供更好的交易服务，帮助达人和商家实现高效交易，以沉浸式体验带给消费者不一样的购物感受。

2021年快手全年电商交易总额达6800亿元，同比增长78.4%。

快手财报显示：2022年第二季度，快手用户规模创历史新高，快手应用平均日活用户达3.47亿，平均月活用户达5.87亿，同比增长15.9%；电商月度活跃买家渗透率超过15%，电商月复购率同比、环比继续保持增长。

总体而言，快手电商用户生态呈现出购买力强、下单频次多、内容消费度高等特点。

电商内容包括快手小店、详情页、店铺活动指引、物流发货须知等。

第三，直播内容。

直播内容是短视频内容的延续，通过直播可以有效增加用户使用时长，相对于十几秒到几分钟长度的短视频，直播时间可长达数小时，能提高用户黏性。

直播是快手平台和自媒体变现的一个重要通道，随着快手电商崛起，越来越多的快手账号开启了直播和直播带货。

账号运营前期主要涉及的是视频内容运营，直播内容和电商内容运营在后面的内容中会详细讲解。

（2）快手内容运营的主要工作

快手内容运营主要包括日常性工作、阶段性工作和战略性工作（见表3–1）。

表3-1 内容运营的主要工作

工作类型	工作内容
日常性工作	是账号主理人或运营人员每天都需要做的工作，这些工作包括但不限于： ①收集、整理可用于快手短视频的内容素材，包括文字、视频、音频、图片等。 ②撰写快手短视频脚本，确定内容选题，策划快手短视频脚本及热点话题。 ③统计分析快手平台相关数据，包括粉丝量、增粉量、完播率、点赞量、转发量、评论量、转化率及用户活跃时间等。 ④内容更新及维护，如发布视频、粉丝运营、上架商品及活动信息等。 ⑤拍摄或跟拍、剪辑视频、后期制作等工作
阶段性工作	①直播脚本创作。 ②直播的选品筹备工作及与选品相关的工作对接。 ③直播过程中产品链接审核上架、改价、活动执行等。 ④其他具有周期性的工作内容
战略性工作	站在账号运营全局的角度去思考发展问题、变现问题并做出的具有长远重大意义的决策工作。如制订快手短视频平台的运营推广方案、组合变现方案、直播带货计划、某期直播引流宣传策略、打造KOL计划、IP实现计划等

（3）账号内容运营的基本环节

回归到账号前期运营的工作重点，即常规性的视频内容，其内容运营工作涉及内容定位、选题策划、脚本设计、拍摄剪辑、发布运营等环节（见表3-2）。

表3-2　内容运营的基本环节

运营环节	详情
内容定位	主要涉及的问题：拍什么？怎么拍？谁来拍？谁出镜？ 账号计划输出什么样的内容？是知识分享，还是剧情内容？创作形式上，是以剪辑类输出，还是以真人出镜输出
选题策划	选题内容将直接决定视频的流量与受众的多少。选题策划要切合目标用户的实际需求和痛点，要围绕用户来做，用户的需求是什么，我们就做什么
拍摄剪辑	对于确定的选题，要通过拍摄剪辑来呈现，一个优质的快手视频，始于创意，精于拍摄，终于剪辑。拍摄中，让主题在视频中得到充分展现，结合剪辑来优化视频的内容、控制视频的时间、添加新鲜的元素
上传运营	拍摄剪辑后的视频，要精心设计好标题、摘要、封面。之后，在粉丝活跃的时间段发布视频。视频上传后，要随时关注各种数据，并积极参与粉丝互动。围绕用户的拉新、促活、留存、转化等环节进行运营工作

2. 内容创作模式：原创与模仿

快手的愿景是成为每一个人记录和分享生活的平台。入驻快手，除了要确定账号定位外，还应确定好内容定位，即敲定内容创作与运营的方向，选择以何种方式、何种格调来做视频。

从原创度上衡量，快手平台上的所有内容都可以分为两类：原创内容和模仿内容。

（1）原创内容的主流玩法

任何一个平台都是支持并鼓励原创内容的，快手也不例外，做高质量的原创内容才是账号运营最靠谱的行为，也是长久之计。

确定自己视频内容的创作方式。这种定位同自身所掌握的资源、自身优势及专业技能密切相关。首先要做的是这种定位，不能找到最适合自己的创作方式，其他的定位都是空谈。依据对大量爆款原创内容的研究分析，一般分为以下几种原创视频创作模式。

第一，拍自己。

前提是自己要具有良好的外在条件，最好拥有逆天的颜值，就能以自己为卖点，无论怎么拍，都能靠颜值来吸引眼球。快手网红小伊伊是颜值派代表，她的真实姓名是王婧伊，是一位舞蹈主播，经常拍摄舞蹈视频，因长相甜美，受到很多人的喜爱，还有着“快手女神”的称号，拥有3671万粉丝（见图3–1）。

如果自身不具备这种条件，但能够调动其他高颜值的人为自己服务，也是可以的。如果这些条件都不具备，那就要有自知之明，不要勉强上镜，否则结果会很难堪。

第二，拍才艺。

如果自己颜值不够出众，可以用一身逆天才艺，将受众的关注点吸引到才艺上。代表人物有高迪，他的真名是高佳琪，是快手上知名的才艺主播，主要进行音乐创作、说唱、喊麦等，代表作品有《黑暗萝莉》《一人饮酒醉》等，有3319万粉丝（见图3–2）。

第三，拍搞怪。

既没有外表，也没有才艺，还有没有上镜的可能？答案是有的。如果敢

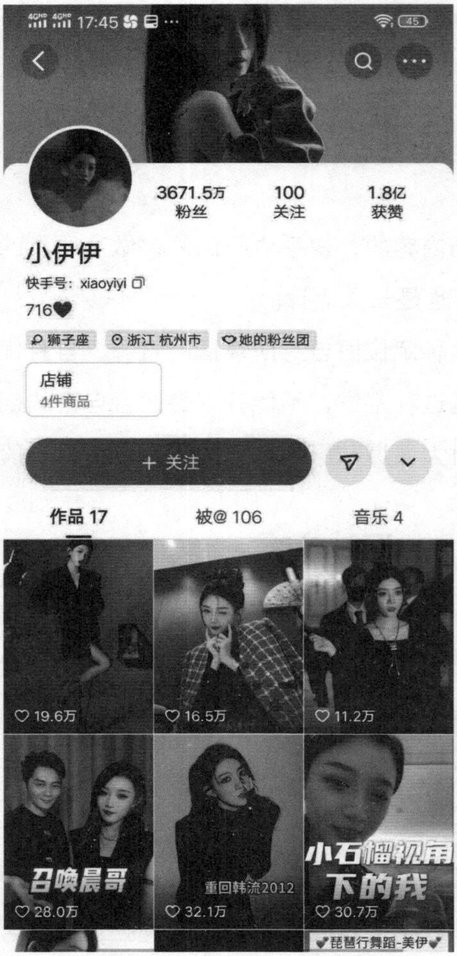

图 3–1 “小伊伊”快手账号主页

图 3–2 “高迪”快手账号主页

于抛开面子，大胆自我调侃，也能凭借搞怪吸引一批口味独特的粉丝。

快手网红张二嫂是搞怪主播，也是一名段子手，因为经常头戴假发，身穿花棉袄扮演“张二嫂”这个角色，而让人记忆深刻，他的作品非常搞笑，是快手平台“2022百大主播”，拥有3521万粉丝（见图3-3）。

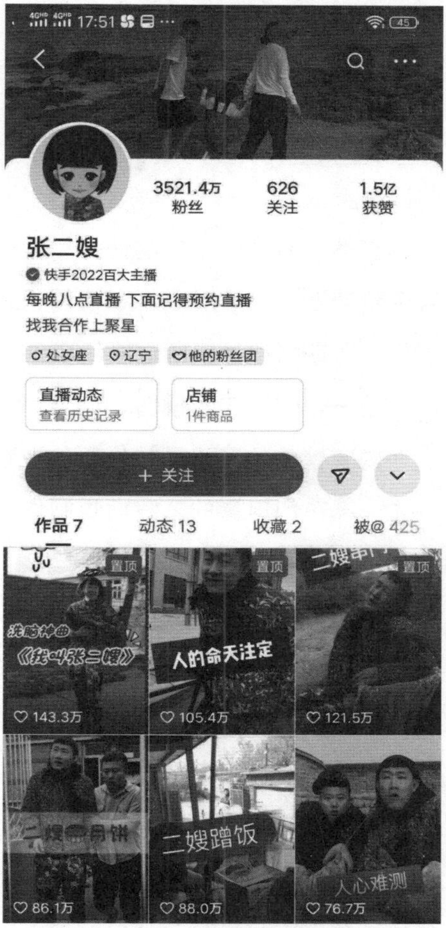

图 3-3　“张二嫂”快手账号主页

第四，拍创意。

如果有出色的内容策划能力和良好的创意，也可以将它们以视频的形式呈现出来。

第五，拍技能。

如果自己动手能力比较强，可以拍一些小窍门、小技巧、小制作类、知识分享类的视频，对于专业性比较强的工种，也可以拍自己的工作，如果是稀缺工种，平时不为大众所了解的话，效果会更好。

第六，拍声音。

如果声音比较动听，比较有感染力，可以借助声音优势，结合高质量的内容，拍一些语音类的视频。假如有其他特长，也是一样的思路，要充分地扬长避短，将它们展示出来。

如果上述所有优势、才能都不具备，该怎么定位呢？那就去模仿，去做模仿视频。

（2）模仿内容的创作技巧

模仿视频的质量也可以很高，并不一定差于原创视频。模仿视频有其自身的优势，有很多费时费力制作出来的原创视频，其引流效果可能还不如模仿视频。

当然，有条件原创的还是尽量去原创，毕竟模仿视频存在版权风险。账号运营前期，出于对成本和粉丝积累的考虑，可以采取模仿视频的方式进行创作，后期则尽量要通过原创走上正轨，打造独特的人物IP。

第一，进行内容模仿。

内容模仿的意思是效仿原创视频的内容表达，比如某则热门原创视频是讲述一部热门电影的，我们也制作一则讲述该热门电影的视频，只要角度有所不同即可。

第二，进行身份模仿。

身份模仿即就某则热门原创视频评论下的用户群体所处的年龄层进行深入了解，从而可知这则视频普遍适用于哪种人群，确定所属的真正沟通对象，之后制作这类视频时要着重吸引这种人群。

第三，进行用户兴趣点还原。

在热门原创视频的评论区看用户反应，寻找具有代表性的评论内容仔细分析，获得信息反馈，从而知道这则视频吸引用户的兴趣点在哪里，以此获得灵感。

第四，进行策划逻辑还原。

感受热门原创视频背后策划团队的策划逻辑，细细揣摩他们团队在构思这则视频时可能有哪些想法，其中哪些想法与你的想法不谋而合，思考他们的策划逻辑是否可以带给你做同类视频的启示。

值得注意的是，短期模仿是可以的，如果运气好也能出一些爆款视频，获得一些粉丝，但若想长期运营账号并具备较强的粉丝黏性和变现能力的话，逐渐往内容原创方向转型才是正途。

3. 快手服务号的权益与运营策略

快手服务号是快手为商家和有商业意愿的个体提供的综合性经营平台，依托商品发布、线索收集、用户回访等功能，能够实现“用户—商家—平台”资源的优化整合，从根本上为商家解决经营问题、提供方案，帮助商家更好地实现收入增长，实现“经营上快手，生意更上手”的服务愿景。

（1）如何开通服务号

快手服务号提供了个人认证、企业认证、蓝V认证三种身份。

第一，个人认证。

一般是指用户有经营需求，但尚未办理营业执照等资质的商家，如自由从业者。

第二，企业认证。

一般是指用户有经营需求，且依照法律法规办理相关经营资质的商家，包括个体工商户、企业、事业单位等。

第三，蓝V认证。

一般是指依照法律法规办理相关经营资质，且经过服务号审核的商家，主要由企业认证用户升级而来。

商家/机构和个人实名认证完毕后，可享受服务号的免费功能权益。其中，商家/机构可自主付费点亮蓝V，个人如想点亮蓝V需要加入商家/机构的主体。

服务号认证流程为：打开快手/快手极速版App侧边栏，依次点击“设置”—“账号与安全”—“加V认证”—“企业认证”，跳转认证落地页，点击“进行认证”。

（2）服务号权益

服务号的平台优势包括服务范围广、触达人群多、产品功能广、潜在商机大，连通公私域流量池、集中释放矩阵效能、行业专属特色功能三大核心价值，打通品牌与经销商的营销链路。

开通快手服务号后，会拥有区别于普通账号主页的商家主页。商家主页能承载商家需要的功能，并提供针对商家的优惠权益和官方活动，帮助广大商家更好地运营自己的账号，以获得更多的交易转化。

开通快手服务号，最多可享受24项权益（见表3–3）。

表3–3　快手服务号权益一览

序号	权益	详情
1	蓝V标识	点亮蓝V标识，提升用户信任感，为企业/品牌提升权威性。给用户带来品质认可和归属
2	昵称唯一	遵循先到先得原则，保护企业/品牌权益
3	全网搜索	同等条件下，蓝V用户的企业名称被搜索时会优先展示
4	推广应用	推广App产品，依托快手用户数量，快速让用户了解自己的App内容，促进下载安装
5	矩阵账号	子母账号功能，方便集团用户对旗下公司/员工账号统一管理，实现数据集中分配展示，了解子账号的经营情况
6	主页装修	提供多样化的个人页设置功能，帮助商家更好地配置自己的个人页，吸引用户查看商品，促进成交
7	线索管理	帮助商家随时随地了解客户购买意向，记录线索，方便商家在闲暇时间回访用户，促进交易达成
8	消息管理	自动回复消息功能，商家可设定一些关键词和回复内容，当用户咨询相关信息时，将自动回复用户想要了解的信息，节省商家的人力成本
9	商品管理	为商家提供商品创建展示功能，方便用户在商家个人页详细了解商品情况，促进用户快速下单
10	行业榜单	可提供家居建材、服装配饰等10个行业服务号的影响力榜单，帮助商家了解成功案例，少走弯路
11	在线预约	服务号会员主页配置在线预约，方便粉丝快速、主动地与老铁建立联系并体验服务，更加立体地增强老铁与粉丝的接触面
12	优惠券	为商家提供优惠券营销能力，商家创建优惠券，给用户提供购买实惠，可以有效刺激用户购买；促进已经下单用户二次购买

续表

序号	权益	详情
13	数据大盘	为用户提供数据化经营看板，将复杂的经营内容以数字方式呈现给商家，便于商家分析、掌握、了解商品和用户使用情况，增加面向精准用户的营销机会
14	地理位置	导航到店功能，为商家提供精确的店铺定位，方便用户根据导航，快速地找到店铺所在位置，引导用户进店咨询购买
15	直播线索	在直播过程中，挂载自己的商品，吸引观看直播的用户快速了解商品，并咨询下单
16	视频线索	在短视频作品中，挂载自己的商品，吸引观看直播的用户快速了解商品，并咨询下单
17	官网链接	针对品牌用户提供定制化的官网功能，用户可以在功能内建设自己的官网，进行品牌宣传推广
18	智能电话	服务号主页配置联系电话，避免恶意骚扰电话，支持老铁与粉丝双向建联，获取更多商机
19	磁力金牛	通过使用磁力金牛推广营销平台将视频、直播、商品快速曝光给更多的兴趣用户，提升播放量、互动量、粉丝量及商品销量
20	快手粉条	通过使用快手粉条推广营销平台将视频、直播、商品快速曝光给更多的兴趣用户，提升播放量、互动量、粉丝量及商品销量
21	视频剪辑	可使用开眼快创平台，通过上传素材进行视频剪辑、智能合成视频作品，效率与效果兼得，帮助商家快速生产优质内容
22	商家课堂	服务号的官方学习平台，整合官方及行业优质资源，提供课程培训，帮助商家解决运营难题，掌握运营技巧
23	在线文档	可多人实时编辑的在线文档，看到的永远都是最新版
24	开通小店	支持一键开通快手小店，助力电商售卖

不同身份的用户所享受的权益也不同，其中，个人认证用户享受上述列表权益中6～24共19项权益，企业认证享有4～24共21项权益，蓝V用户则享有24项全部权益。

（3）整体运营规划服务号

服务号具有更明显的营销、变现需求，内容运营要做好整体运营规划，其步骤如下。

第一，整体规划账号。

对服务号进行整体定位及内容规划，明确以什么样的形式来实现品牌曝光、口碑传播及转化，以及要解决什么样的营销问题，营销目标主要包括曝光、口碑、转化。

第二，规划内容方向。

用来解决服务号的内容生态，即我们用什么样的内容来实现营销目标。服务号通常有三种表现形式——类人设、虚拟化、情感化，要评估哪一种更适合实现营销目标。

第三，分析目标人群。

分析目标人群的特征及粉丝画像，研究他们所关注的KOL特征，深度分析这些KOL的内容风格，找到适合品牌调性的传播点，在此基础上进行人设打造、场景展示、情景剧演绎来获取精准用户及潜在客户的关注，包括广告产品及品牌logo的软植入。

第四，原创内容输出。

通过持续输出优质的原创内容，来丰富和强化品牌人设。

（4）布局服务号内容

从快手平台总体来看，服务号发布的内容主要有四类（见表3-4）。

表3-4 布局服务号内容

类型	简介	占比
人设类	体现账号人设关键词的内容，如“工厂老板娘”“卖房王”“美妆大神”等	20%
产品介绍、种草类	产品介绍视频，为直播做测款等	60%～70%
活动预告类	直播预热、福利宣传类视频	5%
日常类	包括个体主播的私人生活、商家和企业团队的日常花絮等，用来拉近与粉丝的距离，丰富人设	5%

4. 快手内容运营的六大关键指标

快手内容运营需具备数据思维，在内容运营过程中需要根据数据的变化情况不断地调整优化自己的运营策略，要重点关注六项重要数据指标。

（1）内容运营的六大衡量指标

叠加推荐是以内容的综合权重作为评估标准的，而综合权重的关键指标有播放量/完播率、点赞量、评论量、转发量、关注量、变现数据，且每个指标的权重各有差异，当达到一定量级，则以大数据算法和人工运营相结合的机制进行推荐。

第一，播放量/完播率。

播放量反映的是账号人气，高播放量是短视频上热门的必要条件。一般来说，很少发生短视频播放量很少，但是点赞量和评论量很多的情况。正常来说，播放量会与其他几项数据拉开很大的距离。

播放量多的短视频不一定会获得叠加流量。快手平台根据短视频各方面的数据进行汇总分析，然后给予短视频流量叠加推荐。如果运营者发现近期作品的播放量低于平均水平或与往期数据相比呈明显的下滑趋势，就需要重视了。

影响短视频播放量的因素有很多，而能够直接影响播放量的因素是短视频的封面，因为短视频的封面相当于短视频的第一印象，如果封面能够引起注意，播放量一般都不低。

完播率即完整看完视频内容的用户的比率，反映视频的受欢迎程度。对于一个11秒左右的短视频，如果用户浏览3秒即退出，说明短视频的吸引力有限，抓不住用户的眼球和兴趣点。能够让更多的用户完整看完的视频在内容上一般都有其独到之处。

完播率是反映视频质量的重要数据，如何才能提升完播率？这就需要创作者学会换位思考，学会站在用户的角度制作出他们喜欢的视频。

第二，点赞量。

点赞源自用户对内容的认可，说明短视频在某些方面触动了他们，也是对创作者的一种犒赏。点赞率越高，推荐量才会越高。

运营者在进行数据分析的时候，既可以与之前作品的点赞量进行比较，也可以与水平相当的竞品做比较。

影响点赞量最重要的因素就是短视频的质量，要想提升点赞量就要提升短视频的质量，另外也可以适当地明示或暗示用户点赞。

第三，评论量。

一般情况下，作品的点赞量要高于评论量，因为点赞只要动动手指点一下小红心就可以了，非常简单，而评论则相对比较烦琐。能吸引用户评论，说明短视频内容在某种层面上引起了他们的同理心和共鸣，愿意留言评论，这是短视频质量较高的一个佐证。

运营者要想提升评论量，要给予用户一些可供评论的点，需要注意的是，一些比较有争议的短视频是会引起用户争议的，运营者在运营过程中要注意不能把精力都放在制造争议和矛盾上，应该做好评论区的引导工作。同时，要不断创新，打造出更多话题性比较强的作品。

第四，转发量。

好的内容、有价值的内容，用户自然会纷纷转发，转发不仅能提高内容权重、触发叠加推荐机制，同时也能为短视频带来更多精准的裂变流量。

一般来说，热门的视频转发量都比较高，转发量代表着内容受欢迎的程度。

在运营的过程中可以多参考借鉴那些转发量比较高的短视频，它们在内容等方面有一定的过人之处，运营者要多学习、借鉴别人的创作技巧。

第五，关注量。

关注量即涨粉量，粉丝关注，不仅是对单个视频内容的肯定，而且是对整个账号的肯定，同时也是对创作者充满了期待，“点关注，不迷路”，希望通过关注能看到博主给自己带来更多、更好的作品。

对于粉丝增量，运营者应该每天统计一次，而不能将统计周期拉得太长，否则很可能影响分析的准确性。以日为周期统计和分析粉丝增量有一个很大的好处，那就是运营者可以明确新发布的短视频能为账号带来多少新粉丝。如果统计周期太长，那么分析起来会比较困难。在运营初期，粉丝增量通常不会很高，即便账号进入快速发展阶段，粉丝增量也不会一直保持高速增长状态。

第六，变现数据。

运营快手账号的终极目的是变现。因此，变现数据是衡量运营能力的一个重要指标。变现数据主要包括打赏、广告、电商变现、直播变现等，这些都应该被纳入统计。

变现数据可以借助飞瓜快数工具来获取。这是专业的快手数据分析软件，提供了短视频数据分析和直播电商方面的数据，对于运营账号和分析数据会有所帮助。

（2）提升六大指标的方法

提升内容运营的六大指标，关键在于优质的内容，大部分工作应在视频发布前进行。

第一，创作出优质的内容。

内容是重中之重，是一切工作的起点。优质的内容要确保垂直度，以免系统不能准确识别账号是什么领域而打错标签或者不打标签，导致账号权重上不去，进而造成流量推荐少与流量推荐不精准。内容还要保持原创度，因为原创内容才能得到平台流量的大力支持。

第二，蹭热门。

热门包括热门话题和热门音乐。蹭热门容易带来流量，但要注意账号的定位，不要蹭一些无关的热门话题。

第三，视频时长在11秒左右。

视频时间太短，缺乏表现力和可看性；时间太长又会影响完播率，新账号前期应以发布11秒左右的短视频为主。

第四，添加引导信息。

在视频描述中，增加一些引导用户点赞、评论、转发或看完视频的文案、语言或动作。

第五，设置互动话题。

在视频文案中，可以设置一些互动问题，引导用户留言评论。

第六，准备评论。

提前准备一些评论，最好是能引起粉丝互动的“神评论”，可以放在评论区置顶，也可让小号来发布评论，引导其他用户围绕“神评论”积极互动，展开更多话题。

第七，设计好封面。

视频封面应做到吸睛、新颖，才能吸引更多的人观看视频。

第八，选好背景音乐。

同视频内容相得益彰的是背景音乐。选择符合视频内容的背景音乐是优秀视频的标准之一，比如那些魔性的、欢快的、催泪的背景音乐，一般都能起到带动用户、感染用户、引发用户转赞评的作用。

注意，千万不要通过刷流量的方式提升相关数据，比如刷流量、刷评论、刷赞，以免被平台识别并处罚。

视频发布后，要做好后续维护工作，对于比较优质的视频，要持续做运营，做好转发推广、评论互动。

第九，发布时间。

视频最好在以下几个时间段发布：7:00—9:00、12:00—14:00、18:00—20:00、22:00—24:00。

5. 快手粉条：好内容要大力推广

爆款短视频是稀缺的。爆款短视频的产生，大部分是平台推荐机制和叠加推荐的结果，也有一些是推广的结果，是运营方充分利用快手平台规则和算法机制顺势而为的结果。

对一些有爆款潜质的短视频，在平台推荐机制之外，运营方也要充分借助各种推广手段，将其推广出去。

（1）快手粉条推广

快手粉条是快手官方推出的付费推广服务，用于增加内容在快手App内的曝光量，可以为作品增加播放、互动，快速获取精准粉丝，也可以为直播间引流，类似于抖音平台的付费推广工具“DOU+”。

第一，什么是作品推广？

通过快手粉条，可以为作品进行付费推广，购买后可增加作品在快手同城页、发现页、关注页的流量曝光，精准触达目标粉丝，提高作品的播放量、互动数（评论、点赞）、粉丝数等。

作品推广支持将自己的内容推广给更多的人、推广给粉丝，也可为他人下单进行作品推广（见表3-5）。

表3-5　粉条作品推广的形式

推广形式		操作流程
为自己作品推广	推广给更的多人	手机端打开快手App，依次点击页面右下角“我”—右上角“…”—“创作者中心”—“作品推广”，进入推广作品页面后点击需要投放推广的作品
	推广给粉丝	手机端打开快手App，在首页选择推广给粉丝，再选择相应的视频，点击“立即推广”

续表

推广形式	操作流程
为他人作品推广	帮他人推广，即帮助其他用户推广作品。使用这一功能，老铁可以将自己喜欢的作者的作品推荐给发现页或同城页的老铁们，帮助你喜爱的作品增加流量和热度。 操作步骤如下： 步骤1：点击需要帮他人加热的作品，点击视频分享按钮。 步骤2：选择“帮上热门”，设置好参数并完成支付流程即可

第二，智能推广。

智能推广是可以实现一键托管的自动涨粉工具，用户只需设置好涨粉数及金额，无须手动选择作品，系统会自动选择作品投放。智能推广的优势是涨粉效果好，粉丝黏性好，可为直播间引流。

当粉丝达到100时，就可以自动开通智能推广的使用权限。

第三，作品推广的注意事项。

借助快手粉条进行推广，门槛较低（曝光1000次、推广时长12小时，大概需要8元），可根据预算和推广预期进行自定义推广选择。付费推广时，要注意以下要点。

①在发布作品后，尽量24小时内购买作品加热，保持作品新鲜度和热度。

②先进行小金额订单试水，播放量达到500以上追加加热。

③投放时长建议在12小时以上，留给系统学习和探索的时间，这样投放效果才会更精准。

④运营者要结合投放效果分析，根据作品的加热效果与建议，不断提升作品质量及粉丝喜爱程度。

⑤尝试对同一作品在不同的时段进行加热，观察不同时段的推广成本和推广效果，找出推广效果最好的时段。下次投放依然按照同一时段同样曝光量和加热时长，总结规律。

⑥尽量在周六、日进行付费推广，周六、日观看人数更多，是最佳加热时段。

除了借助快手粉条进行付费推广外，内容运营方还可借助一系列免费措施进行作品推广，尽一切努力增加作品曝光度和流量。

（2）利用小号分时段互动

爆款视频的基础仍然是优质的内容，对于有火爆潜力的视频，发布后可安排快手小号去分时段互动。为了确保视频不被流量高峰的海量视频淹没，就需要最大限度地利用快手系统的时间效应。不断地在视频推荐暂停时，通过快手推广小号与需要推广的视频进行互动，刺激快手系统对视频质量重新判断，再次推荐视频进入更多的流量池播放。

（3）高频次转发

通过QQ群、微信群、微信朋友圈进行转发，目的是增加被转发视频的曝光度从而吸引更多的用户关注。转发率是快手系统评判视频质量的重要因素之一。视频被转发次数越多，系统对视频的受欢迎程度判定就越高，越有助于提升对视频的推荐量和账号的权重。

（4）利用叠加推荐

视频发布之初，可利用个人或团队之力去引导用户点赞、评论，做好互动。不过，当作品成功触发系统的推荐机制，被推广到更大的范围以后，仅凭自身力量就很难再进行干预了。这个功夫就要下在前期的内容策划和制作阶段了，有意设置一些互动性、诱导性的话题和要素，去引导大家参与互动，进而形成二次传播热潮。

6. 规避平台内容禁忌与违规红线

在账号运营过程中，一些新手会遇到各种各样的问题，以下是他们经常问及的问题：

为什么我的视频不能投快手粉条?

为什么我的账号被限流?

为什么我的账号被封禁了?

……

之所以出现上述问题，最主要的原因可能是账号运营者不了解快手平台规则，触碰到了内容运营的雷区，触犯了平台规则，在视频中使用了敏感词或在直播中出现了敏感行为，导致要么作品审核通不过，要么账号被限流、被降权，严重的甚至会被封号。

（1）什么内容会被限流

通常，如果内容出现违规行为，会收到官方发送的系统通知，可看到具体减少推荐的原因。

账号中出现以下内容，会被限流乃至封号：

第一，以个人账号发布强新闻属性内容，或政府相关内容。

第二，发布高敏感内容。

比如，政治（贪污腐败、政权、社会）、黄赌毒（包含色情暗示、裸露画面）、负能量（抑郁、自杀、炭烧、殉情、不想活、好想死、报仇、仇恨、仇富、仇官等）、血腥或令人不适的画面（暴力斗殴、社会事件报道画面）、不健康的男女关系（出轨、过度突出家庭矛盾如婆媳关系、姐弟恋、未成年人早恋等）等。详情可参考快手社区规范。

第三，引流行为。

任何刻意引导关注、评论、互动的行为，如私聊、关注、加我、关我、互加、互关、联系等词汇或者二维码、电话号码的露出，在直播、短视频（字幕、音频）、评论、私信中都不可以进行引流操作（引流是非常容易直接导致封号的）。像“给我一个小红心”这种是可以的。

第四，带有营销性质的内容。

赚钱、加粉、招商、合作、加盟、产品（产品名字）等，产品logo极其明显地露出（如果一定要露出品牌，请务必走星图），探店不要露出大牌子。

第五，带外站logo（如抖音、微博、微视、美拍等）或者水印，带节目拆条的包装，画面模糊。

第六，重复内容。

平台严禁同一个内容重复发布，即使是同一家机构的账号，或者同一个发布账号都不可以（机器判定重复内容，包含画面、音频）。

如果单个作品被减少推荐或违规，都只是对一个作品减少曝光，不会影响到整个账号。但如果频繁触碰站内审核底线，或者有非常过分的引流、敏感内容，可能会直接导致账号被封禁。

（2）不符合规范的评论

为了给用户营造一个积极、健康的评论区环境，提升良好的互动交流体验，快手平台一直严格进行评论治理，清理违规和不良评论内容。

不符合社区规范的评论内容主要包括以下这些。

第一，含有违法违规、涉政不当言论、封建迷信、传播邪教、宣传售卖非法物品等不符合平台规定的内容。

第二，展示污言秽语，使用带有侮辱性、歧视性、挑衅性的不文明用语。

第三，发布垃圾信息，重复、频繁地骚扰他人。

如发布互粉互关、作品求赞或频繁发布广告类内容。

第四，发布导流类内容。

如发布其他平台的链接、引导关注其他平台账号，或以抽奖、发红包、送福利等为噱头诱导用户到站外平台添加好友、加入群聊等。

第五，含有色情低俗类内容，传播色情信息、提供招嫖服务、发布低俗涉黄段子、带有性暗示的内容。

第六，发布高危广告类内容。

如宣传推广减肥瘦身、医疗美容、网络兼职、金融理财、作弊服务、涉外婚介等产品或服务。

第七，含有影响未成年身心健康的不良信息。

如发布未成年恋爱交友、抽烟喝酒等不良内容，或教唆未成年违法犯罪，诱导兼职、打赏、购物消费等。

第八，造谣传谣、诅咒恶搞类内容。

如凭空捏造不实、具有煽动性的言论或传播诅咒类的话术诱导关注、点赞、评论、转发等。

第九，特殊符号刷屏或发布无意义的长篇幅评论内容。

如使用大量杂乱无序的特殊符号、表情、字母等。

当系统检测到评论中含有不符合社区规定的内容时，该条评论会仅自己可见。如果频繁发布不符合社区规定的评论，可能导致视频/直播评论功能被封禁，情节严重者将被封禁账号。

（3）快手违禁用词、用语汇总

快手粉条投放审核不通过的原因有很多，敏感词违规就是其中一个。例如，使用了一些夸张化的词语，如超、最、大牌、正品等。

快手平台的违禁用词、用语有很多。如果由于不了解、无意识加了一些违禁用词、用语而导致视频发不出去、被限流、被降权是很可惜的，工欲善其事必先利其器，要运营好快手账号，需先把规则学好。

快手平台常见的违禁用词、用语主要包括以下这些（见表3–6）。

表 3–6 快手违禁用词、用语

类型	详细内容
严禁使用极限用语	①严禁使用唯一、首个、首选、顶级、国家级产品、填补国内空白、独家、首家、最新、最先进、第一品牌、金牌、名牌、优秀、全网销量第一、全球首发、全国首家、全网首发、世界领先、顶级工艺、王牌、销量冠军、第一（No1/Top1）、极致、永久、王牌、掌门人、领袖品牌、独一无二、绝无仅有、史无前例、万能等。 ②严禁使用最高、最低、最、最具、最便宜、最大程度、最新技术、最先进科学、最佳、最大、最好、最新科学、最先进加工工艺、最时尚、最受欢迎、最先等含义相同或近似的绝对化用语。 ③严禁使用绝对值、绝对、大牌、精确、超赚、领导品牌、领先上市、巨星、著名、奢侈、世界/全国××大品牌之一等无法考证的词语。 ④严禁使用100%、国际品质、高档、正品、国家级、世界级、最高级等虚假或无法判断真伪的夸张性表述词语
违禁时限用语	限时须有具体时限，所有团购须标明具体活动日期，严禁使用随时结束、仅此一次、随时涨价、马上降价、最后一波等无法确定时限的词语
违禁权威性词语	①严禁使用国家××领导人推荐，国家××机关推荐，国家××机关专供、特供等借国家、国家机关工作人员名称进行宣传的用语。 ②严禁使用质量免检、无须国家质量检测、免抽检等宣称质量无须检测的用语。 ③严禁使用人民币图样（央行批准的除外）。 ④严禁使用老字号、中国驰名商标、特供、专供等词语（唯品会专供除外）
严禁使用点击××词语	严禁使用疑似欺骗消费者的词语，如“恭喜获奖”“全民免单”“点击有惊喜”“点击获取”“点击试穿”“领取奖品”“非转基因更安全”等文案元素
严禁使用刺激消费词语	严禁使用激发消费者抢购心理的词语，如“秒杀”“抢爆”“再不抢就没了”“不会再便宜了”“错过就没机会了”“万人疯抢”“抢疯了”等词语

第四章

选题策划：爆款短视频是策划出来的

选题，简单来说就是我们要拍摄视频的内容方向，它是爆款短视频的创意源头。

爆款短视频的诞生，不排除运气成分在内，但靠运气打造爆款只是小概率事件，绝大多数的爆款短视频并不是随手拍拍就行的，而是精心策划出来的，是对选题、定位、脚本、文案、标题、拍摄、剪辑等工作的精心筹划、设计与制作。

1. 爆款短视频都是策划出来的

利用闲暇时间刷短视频已经成为很多人生活的常态，打开手机App，一条条视频就会扑面而来。在快手的流量池里，只有少数视频能上热门，成为爆款，吸引大批粉丝围观、点赞、评论。而绝大多数视频则无人问津，各项数据一塌糊涂。

事实上，一条爆款短视频的诞生，不排除运气成分在内，但这种机缘巧合更多的是小概率事件，大多数的爆款短视频并不是随手拍拍就行的，而是精心策划出来的，是对选题、定位、脚本、文案、标题、拍摄、剪辑等工作的精心筹划、设计与制作。

其中，选题是重中之重，一条爆款短视频始于优质选题。选题，简单来说就是我们要拍摄视频的内容方向。

（1）选题策划要回答的几个问题

好的选题能带来事半功倍的效果，在确定选题方向之前，首先要回答好以下几个问题：

第一，你的用户是谁？

你的视频是拍给谁看的？

第二，用户需求是什么？

你的目标用户画像是什么？他们有哪些特点？他们的需求点是什么？

第三，选题能解决什么痛点？

你的视频可以帮助用户解决哪些问题和难点？

第四，如何持续创作？

如何确保输出源源不断的优质选题，不断吸引新用户关注、留存？

可以分别针对几个问题，逐一列出答案，并据此规划选题方向。

（2）选题是否具备“爆款体质”

根据快手官方解读，衡量一个选题是否优质，只有一个标准，那就是是否具有“爆款体质”。因为选题的吸睛度会直接影响这篇内容的骨骼与主线，起着牵一发而动全身的作用。

如何衡量选题是否具备“爆款体质”？可借助以下几个问题进行自查：

第一，是否符合平台的内容价值维度体系？是情感价值还是知识价值？

第二，选题中有几个会吸引用户关注的点？

第三，哪一类用户会对该选题感兴趣？如何准确描述用户画像？

第四，选题素材充足吗？真实吗？

第五，市面上有同类选题案例吗？你的内容是否比别人更具创新性？

（3）优质短视频的3B原则

3B原则是由广告大师大卫·奥格威提出的，3B分别是Beauty（美人）、Baby（幼儿）、Beast（动物）。在奥格威看来，以3B为表现手段的广告符合人类关注自身生命的天性，最容易赢得消费者的注意和喜欢。

不仅广告领域应符合3B原则，短视频创作也应符合3B原则，快手平台上很多优质爆款短视频都充分体现了对3B原则的运用。

第一，Beauty（美人）。

Beauty代表着美女的力量和性感的魅力。爱美之心人皆有之，美人容易引起人们的愉悦心情，在所有短视频元素中也是数一数二的眼球杀手，不单男性喜欢欣赏美女，连女性的眼球也都容易被其吸引。快手上有大量美女网红，粉丝量庞大，如周周（4293万粉丝，见图4-1）、刘大美人（2545万粉丝）等。

Beauty要素在快手短视频创作中也不单单指美女，从异性相吸的角度来看，帅哥同样有吸引女性关注的魔力。

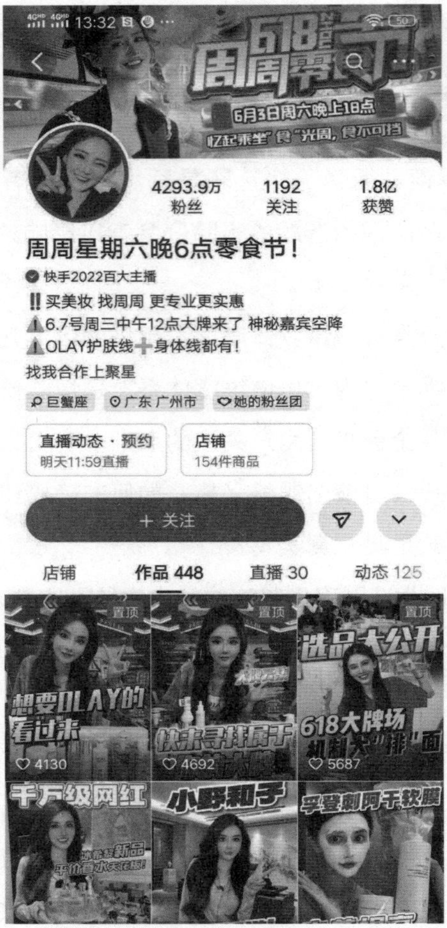

图 4-1 “周周”快手账号主页

第二，Baby（幼儿）。

Baby不仅指婴儿，还可以放大到幼儿、儿童的范围。幼儿能释放出一种纯真的魅力。喜欢小孩子是人的本性之一，尤其能唤醒成年女性最原始的母性。当短视频中呈现出幼儿天真、可爱、拙笨的行为和语言时，很容易激发人们的怜爱之心，例如，娜哥、辣爪小歆妈、SASA的丸子妹（见图4-2）等快手账号就是很好地抓住了Baby元素而走红的。

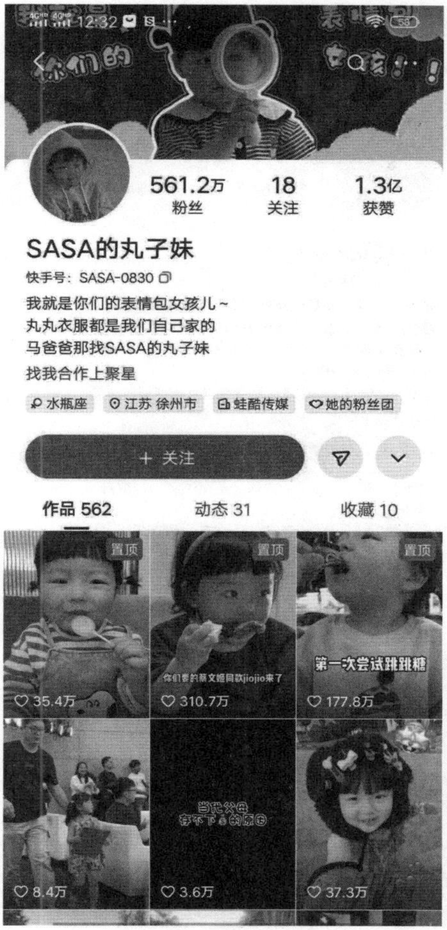

图 4-2　“SASA 的丸子妹”快手账号主页

第三，Beast（动物）。

动物是自然魅力的最佳表现，在生活节奏越来越快、人与人越来越疏远的现代社会，人与人之间的交流和信任感日渐减少，很多人将感情寄托在了动物和宠物身上，宠物类的视频也因此大行其道，如网红多多（见图 4-3）、大壮是只汪、一只钝钝等以动物为创作主题的视频都很受欢迎。

图 4-3 “网红多多”快手账号主页

（4）优质短视频的八大要素

除了以上特征，优质短视频往往还具备以下要素（见表4-1）。

表 4–1　优质短视频的八大要素

序号	要素	解读
1	引起共鸣	比如相同的观念、遭遇、经历等，都容易引起共鸣
2	利益相关	同受众群体利益、地域利益等息息相关的内容，容易引起关注
3	引起思考	有关人生哲理、工作经验、生活感悟的内容，容易引起思考
4	引起好奇心	人都有好奇心，好奇心有两种：一是消遣性的好奇心，二是认识性的好奇心。无论激发哪种好奇心，都能引人关注，让人“一探究竟”
5	满足幻想	感情幻想、生活憧憬、别人家的男朋友、别人家的女朋友、别人家的宠物、别人家的豪车豪宅、别人家的可爱baby，那些能够带给人美好幻想和憧憬的内容，都容易引起关注
6	感官刺激	包括能带给人听觉刺激、视觉刺激、味觉刺激、嗅觉刺激的内容等
7	激烈冲突	日常生活是平淡的，能够体现冲突内容的短视频，比如角色身份的冲突、反常识的冲突、剧情反转的冲突、强烈反差造成的冲突、反认知的冲突等，都容易吸引眼球
8	价值传递	有用的信息、有价值的知识、有帮助的常识等可提供有价值的内容，因而有其市场

2. 什么样的选题更容易被搜索到

有些创作者觉得出现爆款是个玄学，全看运气，没有规律可循，哪怕完全模仿爆款的内容去制作，也很难再制作出一个爆款来。

爆款的出现，真的是个玄学吗？其实没有那么复杂，想要做出爆款选题（视频），首先要了解平台的推荐机制和搜索展示逻辑，探究一下什么样的选题（视频）才更容易被搜索到。

（1）什么样的作品更容易被搜索到

在快手搜索展示的作品需要符合快手社区规范，不违规的作品才能被用户搜索到。

在搜索结果中前排展示的作品通常有以下特点。

第一，有明确的主题内容和关键词。

来搜索的用户通常带有更强的“解决问题”的目的，因此作品有明确的主题内容和关键词，如有用类的知识分享、技巧教程等内容更容易被搜索展示，自拍、随手拍等缺乏主题和关键词的生活分享类内容，则被搜索到的可能性较低。

第二，有能够精准描述视频内容的封面和文案。

搜索结果青睐于有精确表达视频内容的封面文本标题和详细的视频文本描述的短视频内容，用文字准确详细地描述视频内容，尽可能接近用户搜索的关键词，可以让发布的作品更容易被搜索到。例如，“怎么做红烧肉”就比“香飘十里”这样的描述有更多的机会出现在用户的搜索放大镜中。

（2）搜索结果展示的逻辑是什么

搜索结果页的内容，是根据用户输入的搜索词和作品内容来综合决定展现的，影响搜索结果展示的有以下几个因素。

第一，内容相关性。

相关性是搜索结果页展示内容的第一原则，视频内容与搜索词的相关性越高，越有可能排序靠前。

第二，内容质量。

在相关性相当的情况下，搜索结果页将会优先展示内容质量更高的作品。通常情况下，视频主题聚焦、内容完整、声画清晰、播放流畅，且有着相对丰富的要素信息则质量越高，那么越有可能排序靠前。

第三，内容时效性。

在与资讯类（包含社会新闻、娱乐、财经、科技等所有领域的资讯）有关的搜索词下，内容的时效性越强越有可能排序靠前，但在与非资讯类相关的搜索词下，内容的时效性不一定与排序强相关，过往发布的作品可能会在搜索中获得长期的流量。

第四，内容权威性。

在医疗、严肃新闻等领域，官方媒体或有职业资质的认证用户发布的内容可能会排序靠前。在非严肃领域，过往在该领域生产垂直度较高的生产者发布的内容更有可能被认为是权威内容，获得高排序。

（3）快手搜索优质视频的判断标准是什么

快手搜索的优质视频的评判标准主要聚焦于视频内容价值的有用性、丰富度和完整度，以及视频拍摄质量、封面标题标准、文字描述标准等方面（见表4–2）。

表4–2　快手优质视频的判断标准

<table>
<tr><th colspan="2">项目</th><th>标准</th></tr>
<tr><td rowspan="3">视频内容价值</td><td>有用性</td><td>视频内容聚焦于有用的主题，不掺杂无关内容。
有用类知识内容，视频主要内容可精准解释某一问题或内容，讲述相关的专业知识，并能准确地描述内容</td></tr>
<tr><td>丰富度</td><td>视频内容传递出的信息要丰富，不仅包含“是什么”，还要包括“为什么”“怎么做”“怎么评价”等内容及延展，其细节多、描述详细、信息量大。
例如，视频在有明确主题和语音解说的基础上，增加了产品评测的内容，信息丰富（包含名字、样式、购买截图、价格等），而且贴了购买方式和店铺；在回答问题的基础上，还告诉了用户购买渠道和产品价格等，对内容进行延伸</td></tr>
<tr><td>完整度</td><td>视频的内容故事线要完整，有始有终，没有视频内容非规律或突发终止的情况</td></tr>
<tr><td rowspan="3">视频拍摄质量</td><td>声画清晰</td><td>声音清晰流畅，包括同期声清晰明亮，现场收声清晰，或背景音乐适合主题，清晰、流畅、无噪声。
画面清晰流畅，镜头稳定无抖动，无过曝、分辨率过低、视频镜像影响用户获取视频内容信息等问题，剪辑片段完整，观感舒适</td></tr>
<tr><td>播放顺畅</td><td>播放顺畅，转场自然，无跳帧、切头等行为</td></tr>
<tr><td>禁止搬运</td><td>视频内无搬运站外平台视频内容的行为，无快手站外平台水印</td></tr>
<tr><td rowspan="2">封面标题标准</td><td>优质封面标题</td><td>封面标题描述有意义或有主题、内容准确、不过分夸张或过度设置悬念、无错别字；文本清晰，背景丰富、不遮挡主体；图片清晰，有创作加工内容</td></tr>
<tr><td>低质封面标题</td><td>封面标题无主题、封面标题表述无意义、标题过度设置悬念；封面标题出现错别字、语病及标点符号使用错误</td></tr>
<tr><td rowspan="2">文字描述标准</td><td>优质文字描述</td><td>文字描述相关性好，能够完整概括视频内容；文字描述完整，能够有多个词语进行不同层级的描述；文字描述丰富，包括视频主要内容，正确添加合适的话题标签，语言简洁，用词丰富有效</td></tr>
<tr><td>低质文字描述</td><td>文字描述内容与视频无关；文字出现无关的蹭热点内容，添加错误的话题内容。例如，音乐唱歌视频的文本描述为“#官方大大好久没有上热门，能不能上个热门#同城热点#作品推广，来了关注一下吧”，此类则为文字内容与视频描述无关，且有蹭热点的嫌疑</td></tr>
</table>

3. 快手热门选题策划的四个原则

短视频能否获得更高的流量、是否能够达到想要的效果，短视频选题很重要，它直接决定了用户是否感兴趣并继续观看。

如何讨巧地选择一些自带流量的热门选题是快手创作者的一项基本功。选题得当，易上热门；选题不对，努力白费。选题的好坏在很大程度上决定了视频的传播效果。

短视频选题策划要遵循以下基本原则。

（1）符合账号垂直定位

选题策划要同账号的垂直定位高度相关，要确保选题的垂直度，只有垂直内容才能被平台推荐算法重点关注，分配流量并吸引精准粉丝。

账号在完成垂直定位之后，选题策划就不要越界了，避免无关的跨界选题和庞杂内容，坚持在垂直领域进行选题策划、内容深耕，保持长期高质量地输出内容，才更有利于占据头部流量，使其成长为垂直领域内的头部账号。

在快手平台做垂直领域的选题策划、内容输出，前期会有新鲜感来驱动，靠毅力坚持几个月也不太难。难的是常年如一日地策划高质量选题。时间久了，即使创作者有激情和非凡的毅力，也很可能会因为素材的匮乏和创意的枯竭而难以为继。一旦不能持续进行内容分享，本来黏性不高的粉丝就可能会纷纷离去，掉粉将不可避免。

如何才能确保持续性的选题策划能力呢？死磕垂直领域的专业知识和专业技能，不断精进，持续实践、优化、创新，那么流量一定会持续伴随你。

在垂直领域研究得越深入、越透彻，专业选题和创意才能源源不断地涌现出来。比如美妆账号，就要坚持输出美妆的内容，不要看到其他领域的内容火就去跟风。频繁更换领域，这样涨起来的粉丝不仅垂直度不高，也不利于粉丝的黏性。

（2）迎合快手热门题材

首先，要迎合平台规则，违规选题不能做，不符合平台调性的选题也不能做。

其次，要顺势而为，迎合快手热门，选择那些更容易出爆款视频的题材来策划选题，能起到事半功倍之效（见表4-3）。

表4-3　快手常见爆款视频类型

类型	详情
技能类	生活技能、文艺技能、学习技能、工作技能、情感技能等
夫妻类	宠溺类、霸气老婆、相爱相“杀”等
搞笑类	在很多短视频平台上，搞笑类型的短视频一直都很受欢迎。快手上比较流行的搞笑方式主要包括造型模仿、改编热门段子、自创搞笑对话、短笑话、真人客串搞笑作品、恶搞、自黑等
情感类	快手上情感类短视频非常多，该类视频一般会有两个或两个以上的剧情反转点，用接地气、生活化的段子结合表演，有生活气息，容易引起观众的共鸣，能表达丰富的人设。如快手网红“徐太正Z”就是情感类短视频创作者的代表，她的短视频内容大部分都是家庭情感类短视频
动漫游戏类	快手上动漫游戏类短视频的主要受众是“90后”和“00后”，男女的占比比较均衡。动漫游戏类短视频有的是游戏教程、技术讲解，有的是模拟游戏角色造型或妆容
农村日常类	由于快手拥有较多的农村用户，因此农村生活也是快手上的热门创作领域之一。该领域的优势在于创作者不需要花费很多的心思去琢磨剧情或者购置设备，只要让内容保持真实、自然即可
颜值展示类	颜值展示类短视频在任何短视频平台上都很受欢迎，对创作能力还不够强且有外形优势的新手来说，这类短视频制作起来比较容易，只要找对拍摄角度、将出镜者最美好的一面展现出来即可
运动健身类	快手用户对运动健身领域的关注度极高，其中篮球、台球、健身、格斗等运动项目在快手上很受欢迎
宠物类	宠物在快手上也是一个十分热门的领域，且该类短视频创作难度也不高。猫、狗则是宠物类短视频常见的主角

续表

类型	详情
晒娃类	可爱萌娃、兄妹宠溺日常、戏精等
美食类	美食一直是快手上的热门领域，相对于抖音，快手上的美食类视频更接地气。比如在林间、河边、山间现做现吃美食的视频，虽然没有豪华大气的外景，但对用户有很大的吸引力。像美食创作者“牛爱芳的小春花”拍的就是这类接地气的短视频，场景真实，表现出了农村小夫妻的勤劳与纯真
旅行类	美景、穷游、房车旅行、旅行露营、自驾游、穿越中国等
正能量类	勇于救人、自强不息、孝敬老人、诚信敬业、伸张正义、敢于承担责任等是永不过时的正能量题材

（3）符合粉丝的意向

选题策划务必具备用户思维，将粉丝研究透，只有在充分了解粉丝画像的基础上，才能策划出符合粉丝意向和需求的选题。

选题策划接地气，靠近粉丝，以粉丝需求为基准，千万不能脱离粉丝对内容的需求。做选题策划应优先考虑粉丝的需求和喜爱度，这是确保短视频播放量的重要因素，往往越靠近粉丝的内容越能够得到他们的认可，从而越能提高短视频的完播率。

（4）善于蹭热点

选题有可能会断层，创意有可能会枯竭，但热点不会消失，平台上的热点会不断推陈出新，只要善于观察，总能找到热点。迎合热点并结合垂直领域去策划选题，一方面能够确保新选题源源不绝，另一方面也能蹭到热点题材的流量，提高曝光率。

如果你暂时没有好的选题，那么不妨搜罗一下当下的热点话题，找到切入点，搭个顺风车，从热潮中分一杯羹。

围绕网络上的热点事件来展开创作，需要注意以下两点。

第一，围绕自己的垂直领域，再结合相关的热点去创作。

分享一个热点公式：热点关键词+用户+定位垂直。

第二，不要频繁蹭热点。

否则会影响账号的调性和垂直度，也会影响对精准粉丝的吸引，降低粉丝黏性。

4. 爆款短视频选题的八种类型

挖空心思策划出来的新选题，辛辛苦苦写出来的短视频剧本，拍摄出来后没人看、没有播放量，这是最让短视频运营者直呼头疼的一件事。

如何才能策划出爆款短视频呢？要从容易产生爆款的选题方向入手。

（1）痛点型选题

如果对于粉丝一直纠结的问题能给出答案，那粉丝一定会坚持看完短视频。这种类型的选题能非常好地提升我们短视频的完播率。

话题痛不痛，有多痛，决定了视频的打开率。策划选题，应多做“痛点程度高”的选题，少做“不痛不痒”的选题。

痛点型选题要结合粉丝群体和粉丝画像特征进行。对于打工群体，可以针对他们的痛点，比如针对工资低、工作时间长（“996”）、工作环境恶劣、35岁现象等焦虑点来策划选题；对于大学生群体，可以就眼高手低、工作难找、工资低、职场生存法则等焦虑点来策划选题；对于宝妈群体，可就难管教、上学难、校园暴力、学区房等焦虑点来展开选题。

这类视频的高明之处就在于：

第一，提炼粉丝群体的共同痛点。

第二，以尽可能夸张、“危言耸听”的形式呈现出来。

第三，给粉丝制造紧张感，让他们感同身受，自动关注。

（2）创意型选题

创意无价，在短视频中，如何收获“有创意”的这个印象？简单来说，就是创造共鸣的反转。对于日常生活中有共鸣的话题、情感、关系，可以用创意的剧情表达出来，结合一个出乎意料的反转，就能收获一大波流量。

创意型选题，切不可用老掉牙的内容，一定要巧妙地选好角度，用创意展示短视频作品，为用户带来新鲜的体验感。

（3）吐槽型选题

吐槽，这里一般是指从对方的语言或行为中找到一个漏洞或关键词作为切入点，发出带有调侃意味的感慨或疑问。而随着使用频次的增加，其含义也变化为发出调侃或疑问、嘲讽、抱怨等。

相对正面表扬的内容，负面吐槽的选题更容易吸引关注。短视频选题策划，要设一个让粉丝宣泄的管道。吐槽难吃的、难喝的、难用的、难学的、难干的、难管的都可以作为选题的切入点，比如“最难吃的网红餐厅，没有之一”“最难喝的奶茶”“最难用的手机”“这个年龄段的孩子最难管”等。

（4）“视频+字幕”型选题

该类选题内容较为简单，制作门槛较低，即寻常视频内容加上悬浮字幕，字幕文案策划要尽可能选择互动型和参与性强的话题，让用户积极参与互动、参与评论。比如“老公打工不在家，亲家公说让我去他家待几天。要不一个人在家还得烧火做饭，这样能行吗？”“结婚三个月给老公生了个大胖小子，老公姓牛，我姓贺，请大家帮忙取个名字”等。

（5）数字型选题

数字型选题，内容简单、直白，让人一看便知。该类选题内容，一方面能利用吸引眼球的数据快速起到吸引注意的作用，另一方面能有效提升作品阅读的标题效率。知识类、美食、教程、商品促销等领域就很适合使用该类型选题。

比如“10招教你告别油性皮肤”“情商低的7个表现，你身上有吗”“母婴都可以用的6款沐浴露”“原价4元的冰鲜柠檬水，现在下单只要2.4元”等。

（6）跨界型选题

此处的跨界并不是指跨领域型选题，而是跨平台型选题，比如可以将其他平台如抖音、微博、视频号、小红书、B站上比较火爆的同类选题借鉴过来，当然不是抄袭和照搬，而是围绕该主题重新策划内容、重新创作短视频。爆款内容往往都是相通的，在其他平台上爆红的内容，在快手上火的概率也比较大。

（7）关键词型选题

通过对本垂直领域的核心关键词进行发散、细分、联想，可以得出不同的系列选题。

例如，母婴领域，关键词可以延展出辅食教程、找月嫂攻略、育儿经验、亲子互动游戏、母婴好物推荐、避坑攻略、种草指南、幼升小、小升初、学区房选择等；健身领域，根据关键词可以延展出有氧、无氧、减脂操、减脂餐、产后修复、健身器材、室内健身、室外健身等；美妆领域，可以细分出防晒、补水、美白、祛斑、刷酶、刷酸、反差色化妆等。

通过这种利用关键词延展的方式找出选题内容，不仅可以缓解选题焦虑，源源不断地开发出新选题，还可以有效地获取更精准的粉丝。

（8）指南型选题

提供直接的行动指南，如“夏季美白终极指南”“个子矮的女生怎么穿？千万要收藏”“夜班女性终极安全指南，为自己、为家人你必须看”等。

5. 脚本：基于选题来设计策划

脚本的专业解释是指表演戏剧、拍摄电影等所依据的底本或者书稿的底本。脚本指导整个影片的发展大纲，确定每一个环节的发展方向。如果放在短视频平台，脚本的含义就变得更加泛化，可以视为视频从拍摄到完成的流程大纲。

短视频脚本，是短视频拍摄时所依据的大纲底本，是将图文转换成短视频的蓝图，主要通过将文学语言转换成视听语言的方式来支撑拍摄，用来确定作品的发展方向和拍摄细节。

精心拍摄制作的短视频都离不开脚本的支持。一切参与视频拍摄、剪辑的人员，包括摄影师、演员、道具和动作都要服从于脚本。

（1）在什么情况下需要写脚本

一条完整影片出炉，不管是短视频还是微电影，都是在考验创作者的故事能力，而故事能力的背后则是内容表达逻辑。若使用了复杂的拍摄场景，可以类比，每一个拍摄场景就相当于一个词语，所以创作者的脑海中需要有清晰的内容地图，把这些零散的词语通过剪辑技术组成句子。而大多数人的大脑在面对复杂零散的词语时或者在团队多人协作拍摄的情况下，就需要脚本去做梳理与信息对齐。

如果拍摄多为固定机位且短视频爆点主要是文案，就不太需要脚本，这时有脚本反而增加了拍摄的复杂度。但如果是团队运作（2人及以上）且拍摄涉及比较多样的场景内容及故事线发展，那么脚本会极大地降低团队的沟通与拍摄制作成本。

（2）脚本撰写的核心要素

脚本撰写的核心要素包括以下几个。

第一，故事线清晰。

脚本的问题会经常出现在故事线的脉络中，可以从以下三个方面提升影片故事的可看性。

一是对抗。一个故事如果没有冲突与对抗，就会缺乏内容张力，显得非常无聊，适当地在情节中加入不顺遂的剧情，反而可以加重故事看点。

二是反转意外。在故事跟随观众的逻辑预期发生的同时，加入副本剧情，制造反转与反常规的情况，能够带来更多的惊喜，让人印象深刻。

三是悬疑。引发用户的好奇心是保证短视频完播率的基础技法，且百试不爽。

第二，语言表达简单明确。

脚本是我们的工作手册，其基础是在撰写时，要保证语句精练、格式清晰，使看到脚本的每一个人不需要花太多时间去理解，节约拍摄成本。

第三，根据实际所需调整格式。

每一类影片的复杂程度是不同的，脚本的整体格式也应随着实际工作的难易程度变化，如电影脚本、电视剧脚本、短视频脚本都有不一样的侧重点，万万不可照葫芦画瓢，而撰写脚本的宗旨是让影片顺利地完成拍摄。

（3）脚本类型

短视频脚本一般包括三类：拍摄大纲、分镜头剧本、文学脚本。

第一，拍摄大纲。

拍摄大纲是为拍摄短视频或某些场面而制定的拍摄要点，对拍摄的内容主要起提示作用，适用于一些不容易掌控和预测的内容。

当拍摄的过程当中有很多不确定性的因素，或者说有些场景难以预先分镜头时，就需要根据拍摄大纲在现场灵活处理。

拍摄大纲不需要做详细的描述，只需用关键词对场景编号、场景内容、时间、人物等进行简要阐述。

拍摄大纲通常将剧本分为场景一、场景二、场景三等若干个场景，并简要阐述每个场景需展现的内容，比如什么人在什么时间什么场景需要做什么事。

在设计提纲文字脚本时，要注意以下几点。

一是台词设计。

并非体裁短小的视频就能称得上一条成功的短视频，事实上，有的短视频让人欲罢不能，而有的短视频让人只想赶紧划走，关键因素就在于台词。

短视频不同于影视剧，切忌冗长啰唆的台词，否则会让人失去观看下去的耐心。要尽可能简短，抓住黄金3秒的原则，让台词在3秒内抓住用户眼球，将高诱惑力、高价值信息前置，要在最短的时间内告诉用户“看完这条视频我能得到什么”，才能引起用户观看的兴趣。

二是转场技巧。

转场技巧要干净简洁，不要花里胡哨，干净简洁的转场有助于让用户更好地观看、理解视频内容。

三是音乐和音响效果。

确定音乐和音响效果，如果音乐使用得当，会为短视频锦上添花。

第二，分镜头脚本。

分镜头脚本相对于大纲更为细腻、具体，包含每一个拍摄镜头、每一个画面的拍摄关键点，对镜号、景别、场地、声效等都有详细而具体的量化描述（见表4-4）。

表4-4　分镜头脚本内容

内容	描述
镜号	即镜头的编号，按照脚本画面的先后顺序用数字标出，一个镜头为一个顺序号
景别	根据拍摄对象在摄像机里所呈现的范围大小，可分为远景、全景、中景、近景、特景。远景、全景能够把人物整体呈现在画面中，有利于表现人物之间的关系；中景包含人物的膝盖至头顶，有助于展现人物的肢体动作；近景包含人物的胸部以上到头部，有助于呈现人物的面部表情；特写是对人物的细节进行拍摄，有突出局部的作用

续表

内容	描述
场地	提前确定每一个镜号的拍摄场地，并做好场地的协调与准备
画面内容	对镜头要展示的内容进行详细描述
解说词	既包括出镜人员的解说词，也包括画外解说词，要具体到每一句话
字幕	配合镜头中的解说词进行添加
音效	视频的配乐及音效等
备注	标注需要注意的事项

分镜头脚本指导拍摄的指南，一般采用Excel或手绘表格呈现出来（见表4–5）。

表4–5　分镜头脚本

镜号	景别	场地	画面内容	解说词	字幕	音效	备注
1							
2							
3							
4							
5							
6							
7							

分镜头脚本内容可根据实际情况，酌情进行调整、增减。

第三，文学脚本。

文学脚本通常是和提纲式文字脚本相结合（两者格式相差不大），这里不再做详细阐述。

（4）脚本的文案策划与写作

短视频脚本的文案策划与写作可按照以下步骤进行。

第一，搭建框架。

根据选题来确定视频内容的框架，确定角色、场景、时间以及所需要的道具，确定视频脚本的大致框架。

第二，确定主线。

框架搭建好之后，要确定内容发展的各个主线，在主体框架的基础上做进一步细化。

第三，设计场景。

短视频场景要做到短、平、快，确保每个场景能够在尽可能短的时间内表达出主题，可借助各类真实场景来提升视频的代入感。

第四，升华主题。

升华主题，重在为受众提供价值点，可以是技能上的，也可以是情感上的，总之要能引起用户的共鸣，让其感同身受。

（5）爆款短视频脚本公式模板

以下分享几个常见的爆款短视频脚本公式模板（见表4-6），供大家参考。

表4-6　爆款短视频脚本公式模板

类型	脚本公式	解析
搞笑段子类	熟悉的场景+意外转折+意外转折	反转情节要多一点（至少两次），才能博得观众的眼球。例如“破产姐弟”
励志类	故事情景+金句亮点+总结	要做到情景交融，让人感动
教学类	提出问题+解决方案+展示总结	典型的三段式结构，前面少铺垫，后面少总结，关键在中间
种草类	超赞产品+亮点1+亮点2+亮点3+总结	先抓住眼球，再分享亮点，最后简短总结
万能类	5秒吸引注意力+10秒反转+15秒涨粉	开头吸引关注，中间加反转情节和亮点，最后吸粉

6. 选题素材：如何建立选题库

正所谓，万事开头难，开头选题难。

选题策划，偶尔可以靠灵感，但持续地输出内容，仅仅靠灵感可是万万不行的，所以需要建立一套机制化的选题库，这样每次拍摄内容就不用临时想了，而是直接通过选题库的精品内容进行创意策划，高效且实用。

（1）日常选题从哪儿来

建立自己的选题库，应从多方面入手，靠的是日积月累的力量。

第一，注意日积月累。

在平日里浏览网页、看视频等日常生活中，将自认为可能会用到的东西收集起来，建立一个素材库，对今后的短视频选题策划有非常大的帮助。放进选题库的可以是网站，也可以是热门的文字、段子、图片、音频、视频、视觉设计类产品等。

无论多忙，每天都要抽出半小时或一小时去刷快手、刷抖音、逛知乎、逛微博或微信朋友圈，从中找选题。

找选题不是一朝一夕的事情，要靠长期积累。当在微信朋友圈看到一件有感触的事情或看一本书、一部电影、一个综艺节目时有让你感触的句子、片段，要及时用手机便签或截图记录下来。

第二，定期进行头脑风暴。

如果快手账户是由团队来运营的，应定期举行讨论，开选题会，进行充分的头脑风暴，以产生新的创意和选题。

第三，关注热点。

养成良好的新闻素养，每天注意关注各类热点，留意各种自媒体、客户端、微博热搜、头条热点、微信朋友圈刷屏信息、百度搜索风云榜等热点信息，久而久之，能培养良好的热点敏锐度。

第四，随时了解行业热点。

对于垂直领域的快手账户，应当关注行业最新资讯，关注行业KOL。从同行大号中了解最新动向，正所谓“没有枪没有炮，同行来给我们造”，我们可以自己动手去同行账号中进行收集和统计，借鉴其选题策划、视频拍摄、粉丝互动、营销引流技巧等实战要素。

第五，关注重大赛事。

对于奥运会、世界杯及一些其他地域性、周期性、行业性的比赛活动，要予以关注、留意，注意同自己的内容策划结合起来。

第六，关注重要的节日和时间节点。

节假日具有非常性、反常规、突发性的特点，历来是营销借势的热点，不可错过。

第七，多看用户评论。

短视频发布后，浏览下面的评论及留言会取得一些灵感，能够知道用户喜爱什么、更想看什么，这对接下来的短视频内容定位是比较有指导价值的。

看评论既可以看本账号发布内容的评论，也可以看同行、竞品的用户评论，这些都很有意义。

第八，借助站外工具。

站外选题发掘工具主要有以下几个（见表4–7）。

表4–7　站外工具

工具应用	详情
5188官网	借助关键词挖掘大全，能看到快手、百家号、知乎等网站关键词情况，在搜索框搜索品类相关的关键词，可看到用户在关注哪些点，延伸出哪些词。 如搜索电子书，通过全网下拉词查询，可以看到用户主要关注下载、阅读软件、制作方法等因素，这些都可以作为选题

续表

工具应用	详情
今日热榜	热榜新闻聚合平台，能够看到知乎、微博、微信等十多个平台的热文，看到平台的最新消息，点开其中相应的板块，可看到不同类目的热文
小红书	每一个行业都会有对应的官方薯，官方也会举行活动，可关注账号有无活动，如旅游类账户可关注走走薯、美业类的可关注美业薯等

（2）建立选题库

选题库的建立，其实更多的是一项良好习惯的培养，主要包含三个步骤。

第一，记录。

平时要随时保持敏感的选题感应能力，记录那些能引起共鸣的内容——段子、音乐、有创意的素材等。

第二，分类整理。

经过一段时间的积累，自己的选题库中往往会堆积起五花八门的素材，若不进行整理，等到使用的时候根本无从下手。因此，定期对选题库中的素材进行分类整理就变得非常重要。每周至少要对已有素材进行一次分类整理。添加不同的标签，如段子创意、舞蹈动作、拍摄方式、穿搭造型等。也可以将素材分类到不同的选题库（见表4–8）。

表4–8　选题库类型

类型	内容
爆款选题库	把握热门话题、熟悉热门内容，选择合适的角度进行选题创作和内容生产。注意关注各大热播榜单：快手热搜、抖音热搜、微博热搜、头条指数、百度指数及第三方平台的各类热度榜单。热度越高的选题内容越容易引起用户观看
常规选题库	不管是对身边的人、事、物，还是每天接收到的外部信息，都可以通过价值筛选整理到自己的常规选题库中，还可以通过专业性和资源性来进行筛选整理到选题库中
活动选题库	第一，节假日活动。节假日类活动选题，可以提前布局，如中秋节、国庆节、春节、情人节等大众关心的节日话题。 第二，平台活动。包括各短视频平台。一般平台官方会不定期地推出一系列话题活动，如习惯的国风力量、大鱼的夸克知识等，根据自身的情况参与平台话题活动，可以得到流量扶持和现金奖励

选题库得到分类整理后，不但能方便日后检索，而且能定期理清创作思路，加深对各个素材的印象，在策划时能够快速地激发灵感。

第三，二次挖掘。

有了良好的素材收集习惯和定期分类整理习惯后，还要定期对分类整理好的素材库中记录的思考内容进行复盘梳理、二次挖掘。在进行二次素材分析时，有条件的话，可以多人参与，展开头脑风暴，激发出更多有创意的新选题，提高选题策划能力与创作水平。

第五章

视频拍摄：快手短视频怎样拍才会火

打开快手App简单的短视频，借助手机摄像头即可进行。各类新奇的短视频五花八门、争奇斗艳，拍摄新玩法层出不穷，常规作品很难热播。

优质爆款短视频的拍摄大多不是随手而为的，要经过精心的策划和复杂的拍摄流程，同时要掌握基本的拍摄技能，准备称手的拍摄设备，才能将选题和创意完美地呈现出来。

1. 快手短视频的基本拍摄流程

打开快手App简单的短视频，借助手机摄像头即可进行。优质爆款短视频的拍摄，大多不是随手而为的，要经过精心的策划和复杂的拍摄流程。

快手短视频的拍摄始于选题和脚本。选题是短视频拍摄的主题和方向，只有首先确定好选题，才能为后续的拍摄工作打下基础。而脚本则是短视频拍摄、剪辑的依据，一切有关短视频拍摄、制作（编导、摄影师、剪辑、演员、道具等）的工作环节都要立足于脚本、服从于脚本。

在准备好完善的短视频选题和脚本后，即可展开拍摄工作。

（1）拍摄前准备

根据选题要求和脚本内容，做好相应准备。

第一，准备拍摄场地。

提前找好拍摄场地，准备道具并布置好相应场景。

第二，准备拍摄设备。

拍摄短视频，要选择合适的设备。如果只是个人拍视频玩儿的话，一部手机就可以。如果是要求较高的短视频，则需要准备相应的拍摄器材，如手机、单反相机、摄影机、无人机等，并酌情准备补光灯、三脚架等摄影辅助设备。

第三，人员准备。

出镜的演员和摄影师要提前熟悉脚本，准备好妆容与服装。比如拥有1450万粉丝的快手网红岳老板，在拍摄剧情短视频前会对出镜人物进行化妆，准备大量的道具，并根据脚本场景需要选择、布置特定的场景（见图5-1）。

（2）视频拍摄

拍摄要基于脚本进行，每个镜头的拍摄场景、出场人物、拍摄时间都有详细说明，拍摄工作依据脚本进行即可。

拍摄中，要注意以下事项。

第一，素材拍摄。

拍摄的过程中，可以针对每一部分内容、每一个主题，多拍一些备用素材，以备不时之需和后期剪辑之用。

第二，按“从大到小”的顺序进行拍摄。

拍摄的基本思路可以按照“从大到小”的顺序进行：“大”是指大场景、大环境、大空间，比如户外场景、室内场景；“中”代表着一些近景，如人物、动物、小空间场景等；“小”代表细节、局部，比如要拍人，可以拍眼睛、表情等。

图 5-1 “岳老板”快手视频内容

按这样的顺序拍摄，素材会更丰富，角度和画面会更多，从而避免视频内容过于单调。

第三，保证清晰度。

随着智能手机技术的不断进步，智能手机的摄像功能越来越强大，很多短视频创作者会直接用手机制作短视频。在使用手机拍摄短视频时，为了保证画面清晰，让人观看舒适，首先，可以适当地设置分辨率为1080P，选择尺寸16：9，把手机中相机的分辨率调到最大参数。其次，拍摄者要选择好场景和角度并注意光线，因为光线好，画质就会更好。再次，拍摄画面要稳，保持手机稳定，画面清晰。最后，拍摄者还要处理音效和清理镜头，包括杂音、影响画面整体效果的物品。

第四，确保稳定。

使用手机拍摄还有一个最大的问题是如何确保画面稳定。摄像机因为体积大、重量大通常都是在具备支撑点的情况下使用，如肩扛、利用三脚架支撑等。

使用手机的拍摄方式通常是手持，所以稳定性很难把握。在使用手机拍摄的时候，手一定要稳，可以将手置于稳定的物体上来增加手的稳定性。不用手持方式的时候，可以通过手机专用三脚架等辅助设备来增加稳定性。

第五，选择合适的拍摄视角。

常见的拍摄视角有以下几种：水平视角，也叫跟拍，更有代入感；仰拍，像拍摄树林、大楼、天空等从下往上拍；俯拍，站得高一些，从上往下拍；低角度拍摄，又叫蚂蚁视角，即相机贴近地面拍。短视频拍摄者要根据脚本的要求选择合适的拍摄视角。

第六，让视频画面更丰富。

学会使用不同的景别交替，包括远景、中景、近景、微距、特写，能够更好地向观众交代出故事的剧情发展。可以拍一些转场的镜头，让视频转场更有趣；也可以适当拍一些空镜头，让画面更能展现无限的内容。

（3）剪辑制作

短视频拍摄完成后需要进行剪辑。剪辑最常见的工作就是把没用的部分裁剪掉，把不同的片段拼接成一个完整的短视频。

简单的短视频在手机上制作上传即可，对于内容较长、较复杂的视频，可以在电脑上剪辑。

剪辑过程是对拍摄内容的二次加工，主要包括对视频内容进行筛选，重新组合。把视频画面不清晰、视频内容重复的部分进行淘汰，并筛选出重要节点的视频内容。

剪辑不仅要将视频内容重新组合，还要对字幕、封面、滤镜、速度等相关内容进行把握。

（4）上传发布

视频拍摄、剪辑完成后，需要上传发布。发布过程不是简单几步就能完成的，其中有很多需要注意的细节。比如地理位置的添加、话题的选择、标题描述的撰写等，都非常重要，不可忽略。有关视频拍摄、剪辑制作和视频发布的问题，后面还会详细介绍。

2. 设备：准备拍摄器材与工具

简单的拍摄，一部手机、一个支架、一个人就可以搞定，而且可以适应各种拍摄场景，无论是外景还是室内。

一些复杂的、大制作的、团队化摄制的短视频，则需要准备更专业、更丰富的拍摄器材和工具。

想要拍出优质的短视频，则需要专业人士使用专业的工具来拍摄，短视频拍摄设备主要包括拍摄器材和辅助设备。

（1）拍摄器材

拍摄器材的可选择面非常广，有些刚入行的新手仅凭一部手机也能拍出效果不错的短视频。对于大制作的团队拍摄而言，可根据拍摄需求和预算选择更高端的拍摄器材，如单反相机、无人机、摄像机等（见表5–1）。

表5–1　拍摄器材

设备	介绍
手机	①选用像素较高、有广角/常规双镜头的手机，手机分辨率设置为1080P或1960P，30帧以上。 ②可以优先考虑苹果公司的最新系列手机产品，华为Mate系列、P系列高端产品，如iPhone 14 Pro、iPhone 14 Plus、iPhone 14 Pro Max、HUAWEI Mate 50、HUAWEI Mate 50 Pro、HUAWEI Ascend P6、HUAWEI P60 Pro。 ③其他国产品牌手机的旗舰、次旗舰机型也可作为备选，如vivo X90 Pro+、荣耀60、OPPO Find X6、OPPO Find X6 Pro、小米13等，都有着不错的视频拍摄性能

续表

设备	介绍
微单相机	①微单相机是无反相机的俗称，包含两个意思：微，微型小巧；单，指单镜头可更换。体积、重量比单反相机小且具有可更换单镜头的相机称为微单相机。 ②对个体短视频创作者来说，小巧便携、价格便宜、视频拍摄稳定的微单相机是首选。索尼ZV-E10便是索尼推出主打视频拍摄的微单相机，采用了2420万像素APS-C画幅传感器，内置了众多对于视频拍摄的优化功能，有着很不错的视频拍摄性能。 ③佳能微单EOS M50 Mark Ⅱ也值得推荐。这款相机搭载APS-C画幅2410万像素传感器，配置了DIGIC 8图像处理器，可以拍摄4K/25P视频。全像素双核CMOS AF系统，拥有143个自动对焦区域，在拍摄照片和视频时支持眼部检测自动对焦功能。 ④除了上述产品之外，索尼A7C或A7M4、佳能EOS RP、尼康Z50、松下Z5等相机也是个人短视频或者视频网络日志拍摄不错的选择。当然选择相机还要根据自己的拍摄内容和预算，合理选择即可
单反相机	①单反相机一般指单镜头反光相机，它是指用单镜头，并且光线通过此镜头照射到反光镜上，通过反光取景的相机。所谓“单镜头”，是指摄影曝光光路和取景光路共用一个镜头，不像旁轴相机或双反相机那样取景光路有独立镜头。 ②正常拍摄，推荐主流的APS-C画幅相机，如松下GH5、富士XT3或XT30、索尼A6300或A6400、佳能80D，这些相机的优点是视频质量高、有较高的后期处理空间，而且可更换镜头。但价格较高，重量较大，不太适合女性用户长时间使用。 ③对于规模大、视频质量要求较高的拍摄团队，推荐使用全画幅系列相机，如索尼A7R3或A7M3、佳能5D4、Bmpcc4K、Bmpcc6K等。这些相机的优点是拍摄质量高，成像效果好，有很大的后期处理空间；缺点是价格昂贵，需要购买的配件较多
专业摄像机	专业摄像机指的是摄像机中摄录放一体机。专业摄像机被广泛应用于新闻行业。专业摄像机分为DVCAM和DVCPRO两种。可依据预算选择佳能、索尼品牌的相应产品
无人机	①无人机能实现更多的拍摄视角，比如上帝视角，环绕横拍跟踪各种拍摄模式，高画质，适合拍摄中、远景画面。 ②消费级无人机价格相对便宜，大疆无人机最低的只要2000～3000元，高端一些的无人机能拍摄4K视频，裁剪后能做成竖版视频。60帧率能捕捉更细节的场景，后期剪辑时，镜头速度降低不会有延迟。 ③无人机的缺点也有很多，如操作难度大，不能带上飞机。在公园、小区等环境中不太适合使用，有很多地方禁飞

（2）辅助设备

辅助设备主要包括稳定器、麦克风、灯光设备等（见表5–2）。

表5–2　短视频拍摄辅助设备

类型	介绍
三脚架	拍视频的时候，经常会用到三脚架，包括手机三脚架和单反相机三脚架，适合静态拍摄，如人像、风景拍摄等
稳定器	①使用手机在传统静态拍摄模式时，三脚架是必备的拍摄辅助装备。但是对视频拍摄来说，需要不断地变换画面、改变构图，所以稳定器是视频拍摄必不可少的稳定画面的重要辅助设备。 ②对使用手机拍摄短视频的用户来说，大疆的OSMO系列手持云台值得推荐。如果预算充足，可购买最新的OSMO 4云台；如果选择性价比，大疆的OSMO 3手持云台则是较好的选择
灯光设备	主要包括补光灯（可根据拍摄、直播的不同需求进行选择款式和亮度）、激光灯（主要用于拍摄一些静物）
麦克风	①短视频除了画面稳定很重要外，收音同样重要。如果拍摄环境中声音嘈杂，对于最终视频质量的影响很大，所以短视频和视频网络日志拍摄都需要选择一个合适的麦克风。 ②在麦克风的选择上，从几十元的有线领夹麦克风到1000元以上的无线麦克风都有，可选择的余地非常大
打光板	①打光板又叫反光板，是拍摄时所用的照明辅助工具，用锡箔纸、白布、米菠萝等材料制成。反光板在景外起辅助照明作用，有时做主光用，不同的反光板表面，可产生软硬不同的光线，通常反光板面积越小，效果越差。 ②对于一些光线直接照射的画面，想要达到更好的曝光效果，可以尝试用反光板，一般情况下80厘米×80厘米的反光板即可
幕布及其他	真人出镜或拍摄物品的时候，背景如果太杂乱会影响观看体验。这时就可以用一些道具，如幕布、书架、舞台灯、假花等。幕布可以用一些无痕钉等辅助工具将其钉在墙上

拍摄设备的选择没有上限。短视频拍摄要结合团队规模、预算、拍摄效果等选择合适的设备。拍摄短视频，器材只是辅助，内容才是王道。

3. 拍摄基础：场地、光线、景别

除了基本的拍摄器材与工具外，要完成短视频的拍摄工作，还需要提前准备好拍摄场地，营造出适合拍摄的光线氛围，并根据脚本来确定景别。

（1）场地

在选择拍摄场地时，首先要确定的是拍摄场地是在室内还是在户外。如果拍摄场地在室内，就要根据短视频脚本来搭建摄影棚，确定拍摄风格。室内的场地需要我们构建场景、准备能衬托环境的背景布和道具。在室内布置拍摄场地比较容易把控，而且拍摄过程不易受外界环境影响。室内场地的拍摄机位不要放在整个房间的中心点，可以选择在角落。另外，室内的白墙也能起到反射光源的作用。

如果拍摄场地在室外，就需要寻找与视频脚本相契合的场地进行拍摄，不需要太过复杂地进行布置，但是受到外部因素的影响也会大大增加。例如，天气、户外光线、场外人物等，不易把控整个拍摄过程。

场地选择好后，要进行适当的布置。根据定位、拍摄内容布置场景。场景布置不用太大，只要确保在镜头里的场景画面布置好即可。

（2）光线

拍摄视频，除了设备，还有一个会极大地影响画面质感的因素，那就是光源，学会正确利用光源，可以防止画面曝光过度而丢失细节，也可以避免画面曝光不足而噪点过多的问题。

拍摄视频，光线非常重要。光线运用得好，可让照片或视频的效果提升不少。在拍摄中，要学会运用顺光、逆光、侧逆光、散射光等来突出表现物体与人物，同时要确保视频的清晰度，当场地的光线不足时，要进行补光，让光线保持在合适的范围内，让拍摄对象更加立体、有质感，避免出现模糊不清的画面。

将前期准备的相应的灯光设施合理地布置在拍摄场景各处，以确保拍摄现场的照明、采光，将人物和场景以最佳状态呈现在观众面前。有条件的拍摄团队可以请专业灯光师进行灯光布置的指导，已达到最佳灯光效果。

在视频的拍摄过程中，推荐大家使用三点布光法。 三点布光是拍摄过程中最常用的一种布光方式，主要有主光源、辅助光源、轮廓光，有的时候为了美化画面需要在后面加上一盏背景灯光，三点布光就是由这3盏或4盏灯光构成的。

第一，主光源。

建立照明方案所围绕的光源。它通常是电影场景或拍摄外景地主要照明的提供者，其他灯具（强度和属性等）都需调节到主光源之下。主光源可以放在被摄主体周围的任何地方，不过通常是放在摄影机镜头轴线45°（纵向和横向）位置并处于人的头部以上的高度。

第二，辅助光源。

一种用于控制反差的光源。这种光的作用是填充由明亮的主光造成的阴影。辅助光源的物理位置通常是在摄影机镜头轴线的45°（横向）、与主光源的相反方向。

第三，轮廓光。

在被摄主体的背后勾勒出轮廓或做出光环效果的光。由于它位于被摄主体的后面（在布景中处于摄影机镜头的反方向），提供光线来勾勒被摄主体的轮廓，所以轮廓光主要用于把物体从背景中分离出来，在视频画面中增加深度的错觉。

（3）景别

拍摄主体在画面中是大还是小？是特写还是全部？这就是景别要回答的问题。景别的变幻可以帮助我们了解拍摄创作者处于什么场景，让我们了解视频的质量。

景别，也称取景范围，即画面中所包含内容的范围。在进行摄影创作时，我们要决定将哪些景物纳入画面之中，或将景物的多大范围框进取景器。取景范围的不同可以凸显不同的情景与氛围，每一个镜头都不是随意拍摄的。

根据不同的表达目的，选用各自最适合的景别，才能让画面更有层次。

例如，体现风景优美的时候用远景或全景，体现单个静物的时候用近景，体现物体某个具体特征的时候用特写。

一般来说，初学者可以先学习使用常见的五种景别。

第一，全景。

全景能够将被摄主体、场景在画面中完整地呈现出来。

适合运用的场景：想要描述故事背景、事物全貌、人物的全部动作或者刻画人物与环境的关系，都可以使用全景拍摄。

第二，中景。

人物膝盖以上都处在画面中，是一种叙事性很强的功能景别，人物大致都在画面中，同时也能捕捉到人物的表情、动态。

适合运用的场景包括人物的形体与表情等，是一种比较平稳、理性的镜头表现，其叙事性强，但缺少感情色彩和视觉冲击力。

第三，近景。

近景主要取画面于主体人物胸部以上的位置。

适合运用的场景包括表现人物情绪、刻画人物性格、传情达意等。

第四，远景。

主要用来拍摄人物所处环境，人物占比一般较小，常用来表达意境。

适合运用的场景包括：介绍人物所处环境，突出场景；交代人物背景，抒发情感；视频的开头或结尾。

第五，特写。

特写一般用来拍摄重要的物件细节或者人物瞬间、细节性的神态变化等。

适合运用的场景包括突出局部，彰显冲击力，常用于表现人物的脸部表情和其他细节，强烈的视觉效果可以把人或物从环境中凸显出来。

在选用景别时，需注意以下使用技巧。

一是景别之间没有完全固定的搭配方式，要根据短视频内容的逻辑来组合景别。

二是全景一般不直接衔接中景，不过故事类的视频镜头之间只要逻辑可以，讲得通即可。

三是同样的场景不要切换景别，如果切换景别，一定要换角度拍摄。

4. 拍摄实战：构图、运镜、防抖

短视频拍摄实战三要素，即构图、运镜和防抖要把控好。

（1）构图

在绘画、平面设计和摄影中，最讲究构图。摄影构图就是将要拍摄的东西重新布局以达到突出主旨的作用。

摄影构图是照片、射频画面上的布局、结构，是运用相机镜头的成像特征和摄影造型手段，根据主题思想的要求，组成一定的画面，使客观对象比现实生活更富有表现力和艺术感染力，能更充分、更好地揭示一定的内容。画面结构要做到明确主题、辨别主次、弃繁就简、布局适宜。而简洁、多样、统一、均衡是构图的基本要求。

短视频拍摄，构图是关键，要防止画面混乱，做到层次分明，使画面简洁明细，看起来赏心悦目。

短视频拍摄常用的构图法有以下几种（见表5–3）。

表5–3　短视频拍摄常用的构图法

方法	介绍
中心构图	是指将拍摄主体放在画面的中心位置，将观众的视觉注意力引向画面中心，起到聚集的作用，有很强的视觉冲击力，从而突出、明确主体，平衡画面
水平线构图	通过水平、舒展的线条，使画面看起来更稳定、和谐、宽广，给人一种平稳的感觉。水平线构图可用来表现画面的平静与稳定感。使用水平线构图时，水平线在画面中要保持平稳，不要倾斜。水平线在画面的摆放位置不同，产生的视觉效果也不同
对称式构图	以画面中央为对称轴，使画面左右或上下对称，呈现出平衡、稳定、呼应等特点。对称式构图多用于拍摄对称的物体，如建筑物。拍摄人物时，画面会显得单调，缺少变化

续表

方法	介绍
仰拍构图	摄像头低于拍摄对象的位置，呈现的效果是拍摄主体显得格外庞大、高耸
三分构图	三分构图将画面等比例分成3份，把拍摄主体放置于1/3 线上。三分构图法是常用的一种基础构图法，采用这种构图能让画面简洁，突出主体，且不失平衡感。拍摄时要避免拍摄主体处于画面中心，导致画面产生呆滞感
均衡构图	均衡构图注重维持画面的平衡，让主体与背景衬托物体呼应，画面更具平衡感，增加画面的纵深感和立体感。多用在两人对话、采访等场合，使主体物和非主体物达到一种平衡的状态
对角线构图	又称斜线构图，将被摄体安排在对角线上，利用画面对角线作为视觉引导线，有效引导观众的视线，达到突出主体的效果
九宫格构图	又称“井”字构图，是在上、中、下和左、右三分法的基础上衍生出来的。四条线的交叉点称为趣味中心，四个点都符合黄金分割定律；被摄主体被安排在这四个点上，主体会更加突出，画面会更加稳定。正因如此，很多相机、手机、无人机都会内置九宫格线

（2）运镜

在短视频的拍摄中，镜头可以分为固定镜头和运动镜头。相对来说，固定镜头使用率更高，是大多数快手短视频创作者的第一选择，难易系数也比较低。建议对于刚开始做快手短视频或者没有稳定器的老铁，优先从固定镜头开始入手。我们经常刷到的画面，很多都是用固定镜头拍摄的。固定镜头基本上可以满足日常拍摄需求。

运动镜头简称运镜，通过运动摄影来拍摄动态景象。在专业的影视作品中，大部分镜头都是运动镜头。运动镜头的呈现效果比较酷炫，可以展示很多场景，是技术流最喜欢的方式。

快手短视频的拍摄者大多不是科班出身，因此可以简单学习一些常用的运镜技巧。

第一，推动镜头。

在拍摄对象保持位置不变的情况下，将拍摄器材的镜头或快或慢地向前推进，这样会使拍摄对象的主体或部分细节越来越大，直至占据所有屏幕空间。这种运镜方式，有助于吸引观众的注意力，让大家处于一种审视的状态。

第二，拉动镜头。

该运镜方式同推动镜头的方向正好相反，是让拍摄镜头渐渐后退，远离拍摄对象，取景范围越来越大，可以让观众看清拍摄对象所处的环境情况。

第三，摇动镜头。

摇动不是乱晃，而是有节奏地让镜头进行上下、左右甚至是大范围的旋转，目的是让观众了解拍摄对象周围更大范围的环境，产生一种身临其境的感觉。

第四，甩动镜头。

让镜头从一个画面迅速甩到另一个画面，中间切换迅速，过程模糊，给人一种眼花缭乱的突然性和爆发感。

第五，升、降镜头。

升、降镜头通常要借助专门的升降设备，用来制造画面的快速扩展与收缩，从而将拍摄对象的局部、纵深场景表现出来。通过镜头的快速升降，能给人一种视觉上的冲击力，有助于拍摄出魔性的小视频。

（3）防抖

画面抖动的视频会让观众很不舒服，观看体验极差，产生不了看下去的欲望。很多新手在拍摄短视频时往往会抖得厉害，使画面不能达到想要的效果，作品质量大打折扣。视频拍摄要解决最基础的防抖问题。

首先，可以利用防抖器材，比如三脚架、独脚架、防抖稳定器等，来实现拍摄的稳定，消除画面抖动现象。

其次，在拍摄时要注意动作和姿势，避免出现大幅度调整。例如，在移动场景下拍视频时，尽量保证上半身的稳定，减少动作量，下半身则保持缓慢的小碎步移动；走路拍摄时，尽量保持上半身稳定而只移动下半身；在镜头需要转动时，可以上身为旋转轴心，保持双手关节不动，完成拍摄。

最后，拍摄之前要规划好走位和路径。拍摄者尽量选择平整的路线，最好先走一遍，做到心里有数，避免不平整场地所带来的抖动。

5. 快手短视频的10个拍摄技巧

快手短视频最终的呈现效果不仅取决于创意和脚本，还取决于拍摄设备、拍摄场地，在很大程度上也取决于拍摄技巧。

快手上各类新奇短视频争奇斗艳，拍摄玩法越来越多，寻常作品很难热播，要创作出受欢迎的优质视频，需要掌握一些常用的拍摄技能，这样才能将创意有效地呈现出来。

下面分享一些实用的短视频拍摄技巧。

（1）倒影拍摄法

拍摄方法很简单，可以利用清澈的河水、湖水、刚下过雨的地上的积水，也可以在地上倒些水，将摄像设备放低（以看清水上面的倒影为准），选择自己喜欢的滤镜，然后拍摄即可。如果地上的积水比较多，现实世界景物的倒影就会清晰地出现在水面上，此时可以直接翻转手机，倒过来拍。

倒影拍摄能拍摄出较好的视觉效果，快手上也有很多类似的教学视频（见图5–2）。

图 5–2　快手倒影拍摄教学视频

（2）倒计时拍摄法

如果拍摄团队只有摄像师一人，且拍摄对象为自己时，除了手持自拍杆对着自己拍外，还可以借助拍摄软件的远程控制功能来拍摄，需要将拍摄设备放在较远的位置取中景或远景，然后利用倒计时功能进行拍摄。例如，拍摄者需要拍摄一条10秒的短视频，只需要在拍摄界面点击“倒计时”按钮，将暂停条拉到10秒的位置即可。

（3）剪影拍摄法

剪影是一种独特的拍摄方式，通常为逆光拍摄，当背景的亮度曝光正常时，画面主体会以黑色或近乎黑色的形象出现，虽然细节缺失，但轮廓突出，具有独特的视觉吸引力，能以富于感染力的方式表现主题（见图5-3）。

图 5-3　剪影手法拍摄的视频

剪影拍摄要在天气状况良好时进行。通常在日出、日落前后30分钟是剪影拍摄的最佳时刻，此时光线柔和，天空被彩霞染成不同的色彩，有助于捕捉到漂亮的剪影轮廓和环境。

拍摄人物剪影时，最好选择曲线较好、轮廓明显的部位，如人物的鼻子、嘴的轮廓或者肢体动作的轮廓等。尽量避免人物重叠现象，重叠过多会导致视觉混乱。

在拍摄时，要按背景的平均亮度来调整曝光量，使背景呈现出中间影调，最大化地表现亮部细节。

（4）分段拍摄法

快手App的短视频拍摄有一个自带的独具特色的功能——多段拍摄。多段拍，顾名思义，就是将一个视频分成几个片段来拍摄，最后将各个片段整合成一条视频。选择分段拍摄，需要提前对分段之间的过渡转场进行构思。如果设计巧妙，能够拍出令人满意的效果。如快手上热门的“一秒换装”类视频就是分段拍摄的。

（5）合拍

合拍是快手短视频的一种创新玩法，让普通创作者可以同喜欢的明星、网红、爆款视频进行合拍，其操作简单，具体要求步骤如下：

第一，找到想要合拍的短视频，点击“分享”按钮。

第二，在页面底部的菜单栏中找到“一起拍同框”按钮。

第三，设置相应的参数，设定好之后点击“拍视频”按钮。

第四，短视频拍摄完成后，创作者可以进行修改，修改完毕点击“下一步”即可发布。

（6）蒙太奇手法

蒙太奇在法语中是“剪辑”的意思，后来它发展成一种电影中镜头组合的理论——蒙太奇手法。例如，我们将母亲在煮菜、洗衣服、带小孩，以及父亲在看报纸等镜头放在一起，就会产生一种母亲忙碌的感觉。蒙太奇手法运用对比来突出人物或事物的某些具体特征，两个不同的片段之间相互联系，能带给人意想不到的效果。

简单来说，将时间、场景、内容任何一点不同的两个镜头剪辑到一起的方法，都可以称作蒙太奇手法。

蒙太奇手法的功能主要有以下三个。

第一，通过镜头、场面、段落的分切与组接，对素材进行选择和取舍，使表现内容主次分明，达到高度的概括和集中。

第二，引导观众的注意力，激发观众的联想。

每个镜头虽然只能表现特定的内容，但组接后的一组镜头则能够规范和引导观众的情绪和心理，启迪观众思考。

第三，创造独特的影视时间和空间。

每个镜头都是对现实时空的记录，经过剪辑，实现对时空的再造，形成独特的影视时空。

在拍摄快手短视频时，可先从远景到近景，或者插入中景和特写，这样的切换模式，就是一个简单的拍摄上的蒙太奇手法。

在具体拍摄时，可结合脚本内容来选择合适的蒙太奇拍摄手法。

（7）构图线拍摄法

拍摄人像时，构图是非常重要的。像常用的三分构图法、对角线构图法、黄金比例分割法等，无论哪种构图法，首先要知道线在哪儿，几乎所有的手机都有构图参考线。当拍摄的时候，我们可以先打开构图线（见图5-4）、参考线，如三等分和四等分及黄金比例分割的参考线等。对人像来说，一般最重要的就是人物的眼睛，因此我们可以把眼睛放在这些参

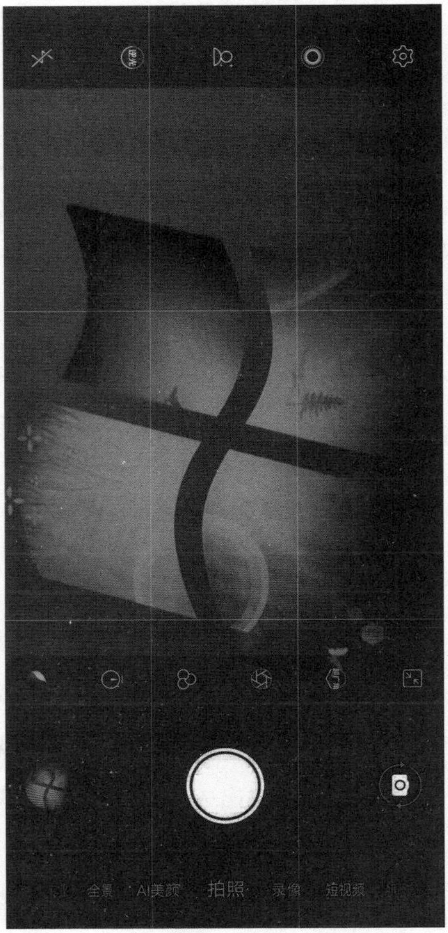

图 5-4　手机相机的构图线

考线的交点处，这样我们拍出的人像就会丰富而不呆板。

（8）手机广角透视拍摄法

女生抱怨最多的就是男朋友拍照把自己拍得腿很短。其实，拍摄长腿不仅仅需要摄影师的努力，模特自己也要掌握一些小技巧。手机基本上都有一颗定焦的广角镜头，而广角镜头会有一定的畸变，靠近画面边缘会被拉伸、靠近画面中心会被压缩。所以，拍照之所以会出现小短腿就是因为把腿放在了画面中央。因此要学会调整角度，让腿靠近画面边缘，仰拍。同时麻豆（英文model音译过来的网络用语，意为“模特”）要让自己双腿舒展，通过倾斜、延伸等方法，按下快门，就能拥有一双大长腿。

（9）错觉拍摄法

利用错觉来拍摄可呈现出夸张的视觉效果，容易抓住观众的眼球。错觉拍摄是有技巧可循的。

第一，选择空旷的场景。

错觉拍摄需要真实场景的配合，由于狭小的空间往往难以施展开，因此要选择一些类似于草原、海滩、天空、盐湖等较为开阔的场地，这样错觉效果才能更好地呈现出来。

第二，利用距离差来制造视觉的误差。

特定场地选好之后，最简单的办法是利用前后距离差来形成视觉上的误差，因为远处的东西比较小，近处的东西显得大，所以利用这种大小、距离上的误差，可以拍摄出错觉作品。

第三，对焦点的选用。

如果拍摄对象存在前后距离差，可将对焦点放在近处的拍摄对象上，近处的人物就会呈现一种夸张的巨大感，否则就会显得很细小，形成不了错觉。

一般的做法是用前后距离的差距，来造成视觉上的误差（就是所谓的远小近大原理），近处的人要保持固定的姿势，用手或脚与另外一人或物的位置来制造视觉的错觉。

第四，利用拍摄器材的角度旋转。

可以根据拍摄背景的情况以及想要呈现的效果来调整拍摄器材的角度，形成错觉，可以上下、左右各种角度反转，此法需要拍摄对象在造型、表情上进行配合。

第五，借助道具。

道具用好了，可以大大增强拍摄的效果，我们身边的小物件，如笔、气球和水杯等，都可以用来增加错觉效果，从而提高趣味性。

（10）快、慢镜

快手短视频如何在短短11秒多装一些剧情进去？很多时候需要用到快镜，加快播放速度。相对地，对于长一些的视频可以采用慢镜。

6. 拍摄素材：建立专属素材库

著名散文作家秦牧说："一个作家应该有三个仓库：一个装生活中得来的材料；一个装间接材料的仓库，即装书籍和资料得来的材料；另一个就是日常收集的人民语言的仓库。有了这三种，写作起来就比较容易。"

拍摄剪辑对于短视频而言就相当于"写作能力对于文章"，不外乎是一种方法、技能与手段，拍摄也需要素材，需要建立专属素材库。如此，在拍摄时，才能像写文章一样灵感闪现、文思如泉涌。

每一个刚入行的快手创作者或许都为找不到素材而苦恼，要找到质量高、符合要求、不侵权、性价比高的素材，不是一件容易的事。

这里为大家分享一些国内外的常用短视频素材网站（见表5–4），不仅能为我们提供视频、剪辑素材，而且能带来一些思路、创意上的启发。

表5–4　短视频素材网站

网站	介绍
米鱼网	短视频创作者找视频素材的首选工具。米鱼网的短视频自媒体库收集了庞大的自媒体爆款视频素材，可以直接从上面按照查找关键词以后下载，而且高清、无版权、无水印，对自媒体创作者非常友好
预告片世界	可以下载到在映和即将上映的电影预告片，视频齐全且质量很高，高清、无水印、无字幕，有的影片还会提供PSD海报让你可以轻松制作封面，无须注册即可下载，是创作短视频的最佳素材来源之一
音范丝	专门提供影视剪辑素材的网站，可以下载大量高清、无水印的热门电影素材，基本上都是4K分辨率，还能借助"影单"查看世界影视人气排行、影片人物及影片详情，快速分辨出角色关系
译学馆	一个冷门的网站，包含了国内外丰富的非常有创意的短视频素材，是短视频的素材来源之一
易撰	汇集了海量的短视频，视频素材种类很多，有非常丰富的爆文素材和爆款视频素材，排列非常清晰，视频质量很高，可以按照阅读/播放量、发布时间、领域、关键词等进行查找和筛选，找到的视频素材可以一键下载

续表

网站	介绍
新CG儿	模板和视频非常丰富，而且基本免费，无须注册登录，可以直接下载
Coverr	收录的影片类别包括美食、心情、自然、科技、艺术、人物、城市、动物、鸟瞰影片等，构图完美，质量很高，适合文艺类的视频创作者
Chuangkit	一个提供视频封面素材的网站，有很多最新的、紧跟热点的模板素材，还有各行各业的专属模板素材，尤其是网络、技术、财经、教育等领域的内容非常丰富，可以找到各种素材和模板资源
Storyblocks	付费网站，但是素材内容非常齐全，不仅有图片和视频素材，还有很多免版权音乐可供下载，但需要根据不同内容定制相应的套餐，可以根据自己的需要进行选择
Videezy	一个摄影师视频素材分享社区，视频素材都来自专业摄影师和业余摄影师，视频的水平和质量都非常高，在业内数一数二，在这里可以学习到非常先进的摄影技巧。网站的素材都是实拍的，比较适合人文类、自然类等剪辑博主使用
Stock Footage for Free	视频质量比较高，需要注册才能下载，每个视频下方都会有一段对应的背景抒情介绍，在下载之前就可以大致了解到视频的内容，比较方便，不过下载速度较慢
pexels	一个视频素材网站，免费、质量高、可商用。该网站除了图片，也有海量的免费、高清、无水印、无版权的视频素材，大部分都是蓝光4K，如果拍视频或剪辑的时候没有素材，可以到这个网站看一看
OrangeHD	如果需要自然类视频素材，这个网站是首选。该网站的视频的剪辑手法都很有参考性，作为剪辑素材也不错
Distill	专为设计师提供免费高画质影片素材的网站，可搜寻、下载由其他人提供的影片，影片采用CC0授权，可以修改、复制、重制影片，不用取得许可，也无须标示出处
Mixkit	一个免费的视频素材网站，提供大量的高质量素材，无须登录，可直接商用。影音素材很丰富，影片数量、画质和拍摄效果都相当不错，不会因免费而过于粗糙
Pixabay	有大量免费正版、高清、无水印的视频素材，无须注册即可直接下载，支持中文搜索，网页加载速度也很快
Gaiamount	网站有很多高质量的视频素材，其中4K分辨率的素材非常多，适合个人用来剪辑旅拍视频网络日志，没有下载次数的限制。如果商用，需要原作者授权

第六章

视频制作：做出让粉丝尖叫的短视频

剪辑是一种特殊的蒙太奇手法。短视频的剪辑制作不是将一条条素材拼接起来那么简单。

短视频制作考验的是内容逻辑能力，要秉承大道至简的原则，在最短的时间之内向观众展示角色的构成和故事的脉络。在保证短视频主体流畅性的前提下，尽可能淡化剪辑制作感，剪辑制作痕迹藏得越深越好。

1. 剪辑软件：快手常用的制作工具

剪辑考验的是内容逻辑能力。短视频剪辑要秉承大道至简的原则，在最短的时间之内向观众展示角色的构成和故事的脉络。在保证短视频主体流畅性的前提下，尽可能淡化剪辑感，剪辑制作痕迹藏得越深越好。

目前，市面上主要流行的视频剪辑工具分为两大块，即手机端剪辑软件和电脑端视频剪辑软件，具体可以根据短视频的内容形式来选择使用工具的类型。

（1）手机端视频剪辑软件

如果短视频的内容形式属于高浓度文案输出，在拍摄上，属于简单的动静态拍摄形式，不涉及复杂的镜头运动与组合，那么手机端视频剪辑软件就够用了。

手机端视频剪辑软件有很多，比较容易上手的有快影、快剪辑、爱剪辑、巧影等。

第一，快影。

快影是快手推出的官方剪辑软件，共四个界面：“创作”“模板”“上热门”“我的”。

“上热门”其实是教用户剪辑视频。“创作”中同样有三个板块，“剪辑”“拍摄”“项目”。在右上角有两个隐藏功能：文字视频和视频插帧。文字视频可以将视频或实时录音转换成文字，视频插帧可以一键提升视频的流畅度。

快影没有开屏广告，没有内置收费项目，所有的模板动画特效都可用。但是编辑到一半时不能暂存为草稿。另外，无水印导出也比较麻烦。

第二，快剪辑。

快剪辑无开屏广告，但有内置广告，需要付费购买会员才能关闭广告。快剪辑共有三个界面："剪同款""创作""我的"。

整个页面清爽简洁，模板种类比较少，共七个种类。收费项目较多，水印也需要购买会员才可以去除。

总体而言，快剪辑的使用体验不如剪影，可作为备选项。

第三，爱剪辑。

有开屏广告，App共三个界面："首页""剪同款""我的"。

其中，剪辑、配乐、字幕、滤镜、加速、贴纸、配音等主流功能都有。

特色功能有剪裁视频、倒放视频、视频旋转、视频转换GIF、转场、提取音频、画中画等。

爱剪辑还支持拼接视频，但不支持FLV等小众的文件格式。完成视频制作后，需要付费购买会员才能导出视频。

相对于一些专业剪辑软件，爱剪辑使用简单，学习成本低，剪辑灵活紧凑，界面精简。小白用户用它做视频，几分钟就能出成品，导出视频的效率也比较高，但前提是成为付费会员。

爱剪辑会员有两种类型，一种是普通会员，另一种是高级会员。普通会员可以使用爱剪辑的基本功能，不能使用高级功能；而高级会员可以使用爱剪辑的所有功能。

普通会员的收费标准为：每月5元、每年50元、每3年100元、每5年150元、每10年300元。

高级会员的收费标准为：每月15元、每年150元、每3年400元、每5年600元、每10年1000元。

除了会员费用以外，爱剪辑还有一些其他的费用，如存储费用、转码费用等。用户可以根据自己的需要，选择不同的服务，支付相应的费用。

第四，巧影。

巧影是一款横屏剪辑的软件，页面非常简洁，只有图标，没有文字说明。无开屏广告，也没有内置广告，支持多层视频，有基础编辑、变速、字幕、贴纸、特效、转场、手写图案、关键帧动画等主流功能。特色功能有EQ均衡器和变声器。

巧影适合有一定剪辑基础且愿意付费的用户，成为VIP后，可以达到4K级别导出，可以去水印。

（2）电脑端视频剪辑软件

如果短视频有比较复杂的场景变化，每一个镜头都是短小的、碎片化的，且需要透过具体的镜头变换、运镜、转场来强化故事性的主旨表达，那么电脑端视频剪辑软件能够更高效地帮你完成镜头组合。

相对于手机端视频剪辑软件，电脑端视频剪辑软件的功能更为强大。常用的电脑端视频剪辑软件主要有以下几种。

第一，Adobe Premiere。

Adobe Premiere是一款非常专业且常用的视频编辑软件，被广泛运用于电视节目和广告制作中。它提供了采集、剪辑、调色、美化音频、字幕添加、输出、DVD刻录一整套流程，且和其他Adobe系列的产品高效集成，能够满足制作高质量作品的要求。最新版本是Adobe Premiere Pro 2022。

Adobe Premiere的优势就是足够专业，各种剪辑功能、插件功能都有，从视频的前期编辑到中期调色、添加特效，再到后期渲染输出，Adobe Premiere处理起来都没有任何压力。

Adobe Premiere还可以和PS、Au、AE等产品搭配使用，进一步提高剪辑效率，不过Adobe Premiere的上手难度大，对电脑配置要求较高。

第二，EDIUS。

EDIUS和Adobe Premiere相比更加简单实用，容易上手，界面简洁但是功能强大。EDIUS是专业级的视频编辑软件，尤其适合广播和后期制作环境，适合剪辑快速出片的视频或者素材里比较大的视频场景，如婚礼、节目、会议等。

EDIUS拥有完善的基于文件的工作流程，提供了实时、多轨道、多格式混编、合成、色键、字幕和时间线输出功能。

第三，Adobe After Effects。

Adobe After Effects简称AE，是Adobe公司推出的一款图形视频处理软件，适用于设计和视频特技制作，包括动画制作、个人后期制作及多媒体创作。

Adobe After Effects软件能够高效且精确地创建无数种引人注目的动态图形和震撼人心的视觉效果。利用与其他Adobe软件无与伦比的紧密集成和高度灵活的2D和3D合成，以及数百种预设的效果和动画，Adobe After Effects能够为作品增添令人耳目一新的效果。

第四，Final Cut Pro（FCP）。

Final Cut Pro是苹果公司开发的一款专业视频非线性编辑软件。

Final Cut Pro在剪辑与Timeline、特效、音频、色彩校正等方面都有着非常专业的功能。同时支持从ProRes Proxy到ProRes 4444所有主要的帧尺寸和帧频，分辨率支持高达4K的帧尺寸。

2. 剪辑思维：如何制作爆款短视频

短视频的剪辑制作不是将一条条素材拼接起来那么简单。优秀短视频的出炉是建立在剪辑师较强的专业能力基础之上的。剪辑视频要具备剪辑思维，善于从整体出发，把控好视频的整体风格，在遵循剪辑基本原则和流程的前提下，配合最新的剪辑技巧和独特的剪辑手法，才能把握好每一帧，让输出的完整视频实现结构完整、节奏协调、故事情节流畅，突出想要表达的主题，让观众能够感受到视频的流畅度，给其留下深刻的印象，从而达到理想的播出效果。

（1）剪辑思维

优秀的剪辑师，要具备剪辑思维。剪辑思维就是一种讲好故事、组建好镜头素材的能力。

剪辑思维的突出表现是剪辑师要具备观众思维、用户思维。剪辑师要像编剧一样，在完成整个作品完整性的同时，抓住观众的心理，将观众带入故事中，这就要求剪好情绪线，讲究情绪的逻辑性，思考剪出来的东西能否打动观众。

（2）剪辑节奏

什么是剪辑节奏?

长短不同、景别各异的镜头组接在一起会产生不同的节奏感。两个以上运动形式一样的镜头组接在一起也可以产生节奏感。

剪辑节奏的把控要点如下。

第一，大动作转换为瞬间，使镜头的切换与主体动作转换一致。

可以将剪辑点隐藏在主体动作之中，因为观众的视线是锁定运动主体的，当运动突然发生改变，观众的注意力就会被转移，从而忽视剪辑的存在。

第二，把握好画面主体的动静转换处。

镜头内部的主体动作由静转动或者由动转静的瞬间是很好的切换点，比如人物出门时顺手关门、房间突然安静等，这都是剪辑的最好时机。

第三，找到动作的完成点。

通常我们会把剪辑点设置在一个动作的结束处，比如开车门这个动作，当手接触到车门时，画面会有短暂的静止状态，打开车门后，动作完成，这是最佳的剪辑点。

第四，入画、出画经常被用来实现时空的转换。

比如前一个镜头中一个人在路上急匆匆地走，而下一个镜头是他躺下来休息，显然这两个镜头是不连贯的。如果在两个镜头间加入他躺下的镜头，就会舒服得多。

（3）剪辑原则

如何才能更好地做好视频剪辑？并没有标准答案，它是一个在不断创新、标新立异的过程，但同时也要遵循一些基本的原则。

剪辑是把人们的注意力从一个形象转到另一个形象的方法。在剪辑视频时，应首先遵循以下原则。

第一，镜头组接要符合逻辑。

视频剪辑要符合一些常识性的逻辑。例如，在视频中常见的一种场景：人听到开门的声音回头看，此时门的状态应该是已经打开，而不是人物回头后衔接的是门才刚被打开的画面，这样是不符合正常逻辑思维的。

第二，内容符合脚本要求。

视频剪辑要符合脚本内容的要求。剪辑要尊重脚本内容，按照故事发展的主线推进，不能随意想象发挥，胡乱剪辑。

第三，镜头组接要遵循“动接动”“静接静”的基本规律。

通常镜头组接要“动接动”“静接静”，以确保衔接的流畅性。在遇到需要动静结合的场景时，要做好技术上的处理，使衔接看上去更自然、流畅，不能显得过于突兀。

第四，景别变化要循序渐进。

要保持镜头的连贯性，包括保持时间上的连续性与空间上的完整性。

第五，镜头组接要符合轴线规律。

主体物在进出画面时，需要注意拍摄的总方向，从轴线一侧拍，否则两个画面接在一起，主体物就会“撞车”。

所谓的“轴线规律”是指拍摄的画面不能有“跳轴”现象。在拍摄的时候，如果摄像机的位置始终在主体运动轴线的同一侧，那么构成画面的运动方向、放置方向都是一致的，否则就是“跳轴”，跳轴的画面除了特殊的需要以外是无法组接的。

第六，保持一定的方向感。

举例来说，当两个人面对面交流时，由于二人各自的视角范围是不同的，因此当视频中出现其他人物或事情时，二人做出的反应时间和反应状况也是不同的。需要特别注意，如果从一个人的视角出现其他人物或事情二人同时做出同样的反应，那就有违常理。

第七，确保画面色彩的协调。

视频素材中各个镜头由于拍摄场景、光线的不同，在色彩呈现上会有差异，在剪辑的过程中需要调整不同素材的色调，确保过渡镜头前后的色彩一致。

（4）剪辑流程

视频剪辑的基本流程如下。

第一，熟悉素材。

没有足够丰富的原始素材，很难剪辑出优秀的视频。相关统计数据显示，一部优秀的纪录片与素材比值高达1∶20～1∶30，也就是说，每20～30个素材镜头才能选用一个镜头。在剪辑视频时，同类素材最好多准备一点。

剪辑人员在拿到前期拍摄的素材和相应素材库中的素材后，首先要从整体上熟悉一遍素材，对每一个素材都有一个大致的印象，才能配合脚本理清剪辑思路。

熟悉素材之后，剪辑师要和创作团队一起讨论下一步的剪辑思路，整理出基本的剪辑架构，在基本框架上加入中心思想、主题风格、剪辑创意等元素。

第二，素材分类。

从整体剪辑的思路和框架出发，对素材进行过滤和分类。最好的方法是将不同场景的系列快照分类到不同的文件夹中，可以借助项目管理软件完成。进行素材分类主要是为了便于以后的编辑和资料管理工作。

第三，粗剪。

粗剪要先将剪辑结构确定好，包括内容的顺序、剪辑的方案等，简单来说就是梳理一下剪辑思路。

粗剪环节要将完成度高的镜头按照剪辑思路的顺序进行排列组合，将无效的素材剪掉，尽量保留与内容相符的画面。粗剪是奠定整条视频的方向，不用去计较每一场的节奏等这些细节性的问题。粗剪主要是根据分镜头脚本、依照镜头的顺序、人物的动作对话等将镜头连接起来。

第四，精剪。

在粗略的剪辑方案确定之后，剪辑师还需要对影片进行一次精细的剪辑。精剪也就是优化剪辑，要从细微之处对视频的节奏和氛围进行调整，在粗剪排列的基础上对每一个镜头做进一步的细化，包括剪切点的选择、镜头长度的处理、音乐节奏点的把握和衔接效果的添加等。还可以在视频之间加入转场、贴纸等，需要花费比较多的时间。精剪并不是一遍就能完成的，反复剪辑调整才能剪出满意的作品。

第五，添加特殊效果。

视频剪辑完成后需要添加一些特殊效果，如字幕、色调、标题文字、背景音乐等，使作品更加饱满。最后将剪辑并添加完特殊效果的视频渲染输出，导出视频成片，即可发布。

3. 剪辑实战：剪辑的常见手法技巧

剪辑是一种特殊的蒙太奇手法，是由特写镜头直接跳切到全景镜头或由全景镜头直接跳切到特写镜头的组接形式。两极镜头的组接能使剧情的发展在动中转静或在静中转动，通过剪辑能让视频素材实现完美衔接与组合，产生特殊的艺术效果。

剪辑是一门学科，新手创作者要了解基本的剪辑手法和技巧，切忌瞎摸索，否则易走弯路。

（1）剪辑手法

常见的剪辑手法包括以下几种。

第一，离切。

离切，即在当前主镜头中插入其他镜头，常用于回忆场景。插入的镜头既可以是同主角处于同一空间的镜头，用来辅助剧情发展，也可以是主角的内心世界，以表达其心境。插入镜头完成后，再顺应剧情发展回归到主镜头中。

第二，顺接。

顺接适用于剧中角色在做连贯动作时，画面被不同方位的镜头捕捉，然后将不同镜头中的素材顺接到一起，使动作的衔接更加顺畅，多用于主角的动作交集画面。

第三，跳切。

跳切是以跳跃的方式来加快视频进度的剪辑手法，往往是同一镜头场景不变，但是主体会发生变化。

剪辑中通常将一段素材切成好几段，去掉其中不需要的部分，将需要的部分前后衔接在一起，形成一种跳跃感和加速的效果。其经常用来表达时间的流逝或提高叙事效率，使用场景包括长话短说、真人出镜、录制课程或讲解等。

第四，匹配剪切。

匹配剪切是指利用两个非常相似或有关联的物体，通过镜头的转场来使其具有相关性。匹配剪切连接的通常是动作一致的两个镜头，或者构图一致的镜头，且通常用在场景切换中。由于画面总是从一处跳到另一处，同跳切有些类似。匹配剪切可以表现在视觉上，也可以以对白为基础（当前对话突然中断，跳到下一段对话）。

匹配剪切常用于四种情况。

动作：前后两个画面的动作，运动方向相同。

背景：同一主体，不同背景。

物体：前后两个画面的主题相似。

视线：前后两个场景人物的视线有相关性。

第五，交叉剪辑。

交叉剪辑是指在两个不同的场景中来回切换，以建立角色的交互关系。通话场景经常会用到交叉剪辑，可以加重观众的紧张感和悬疑感。交叉剪辑也可用于展现角色的内心波动。

第六，运动剪辑。

运动剪辑是根据镜头中运动的物体或发展的事件，通过多组镜头来表现同一物体或同一件事。运动剪辑的好处是可以将画面中出现的BUG切掉，用另一组镜头或另一个机位捕捉的画面来进行衔接，可以让表现力更强、容错率更高，一般应用在电影、公告、视频网络日志的剪辑中。

第七，隐藏剪辑。

隐藏剪辑就是运用遮挡物的出现来完成镜头的转折，让遮挡物成为镜头的转折点。

第八，J-CUT（J剪辑）。

声音先入是指下一个镜头的声效在画面出现前响起，未见其人先闻其声。后一场的声音先进，画面还保持在前一场戏。后一场素材的视频轨与音轨在剪辑轨道上呈现的是字母“J”的形状。

第九，L-CUT（L剪辑）。

后一场的画面先进，声音还是前一场戏的延续，前一场素材的视频轨和音轨在剪辑轨道上呈现的是字母“L”的形状。

第十，蒙太奇手法。

蒙太奇手法是20世纪80年代最流行的剪辑手法。用完全不相关的多组镜头来表现影片的主线情节，使影片产生连贯、对比、联想、衬托悬念等联系及快慢不同的节奏，从而组成一部反映一定的社会生活和思想感情、为广大观众所理解和喜爱的影片。

假设有三个特写片段。

A：一个人在笑。

B：一把手枪直指着。

C：同一个人脸上露出惊惧的样子。

这三个特写镜头用不同的剪辑顺序，会给观众带来什么样的印象呢?

蒙太奇剪辑组合一：用A—B—C次序连接，会使观众感到那个人是个懦夫、胆小鬼。

蒙太奇剪辑组合二：用C—B—A的次序连接，镜头不变，只是把上述镜头的顺序改变一下，就会得出与组合一完全相反的结论。同样的人在面对手枪时，给观众的感觉则是一个勇敢的人。

（2）剪辑技巧

为了使作品呈现出来的效果更好，需要用到一些剪辑技巧。下面分享几个非常实用的剪辑技巧。

第一，专属片头片尾。

短视频的片头片尾非常重要，片头可以放吸引用户注意的素材，片尾可以放入引导关注、强化认知的内容。更重要的是，为了打造账号IP，可以设计一个专属的固定开头或结尾，这样可以增加账号的识别度。

例如，“我是哈士奇……”（见图6–1），拥有357万粉丝的快手作者大G–大G的每一段视频的开头永远重复着同样的自我介绍。

图 6–1 “大 G– 大 G”视频开头

第二，设置好视频参数。

如果需要修改视频比例、分辨率、帧率等参数时，就要设置项目参数。视频比例就是视频的长宽比。当前视频网站常用的分辨率/清晰度是1080P或720P，最常见的视频比例为16：9。要根据平台设置修改视频的参数，如果视频比例不匹配，容易出现裁剪、压缩、黑边等问题。

第三，利用好画中画。

在剪辑视频的过程当中，可以适当地添加背景、帖子、素材和标题等，增加视频的趣味性。

第四，增加转场特效。

画面变换场景时，可以使用转场效果，让视频衔接得更加自然，呈现出来的效果更好，避免生硬。

增加转场特效时，可以运用一些小技巧，让画面过渡得不那么生硬，自然一些。

在两个镜头转场的位置制作一个彩色的闪光，将第一个镜头的最后两帧和第二个镜头开头的三帧每帧调成不同颜色。

在音乐重音的地方空一帧，做出类似于闪烁的效果。

在前一个镜头的后两帧添加方向模糊的效果，后一个镜头的前两帧添加方向模糊的效果。最终达成的效果是镜头模糊之后马上又清晰地出现下一个镜头。

前一个镜头的后两帧分别放大150%、200%，下一个镜头的前两帧分别放大300%、200%，然后恢复原大小，实现类似于画面弹动的效果。

第五，场景加速。

对一些节奏较慢的剧情，可以进行加速，画面节奏越慢，加速时画面越协调，要注意调整视频整体速度，以免画面跳帧。

第六，色调调整。

舒适的色调可以增强视频的质感，在后期的制作过程中，需要根据不同的镜头进行相应的更改。适当调整透明度，根据场景的明暗调整色温和色调。

第七，根据背景音乐把握视频节奏。

如果视频有背景音乐，可以在音乐节奏舒缓时，剪入较长的镜头，如有叙事和情节的镜头。当音乐节奏变快，节奏感较强时，可以插入一些画面内有强烈动势的镜头，如挥拳、奔跑、镜头急推急拉。

第八，二次配音。

剪辑视频时，需要学会用配音来补充画面内容。二次配音可以增加短视频的原创度。

第九，添加特效和字幕。

在做视频剪辑时，可以根据自己短视频的色调、画面来选择不同的特效，丰富画面。另外，字幕也是不能忽略的，它能提高视频的可看度。

第十，添加水印。

在剪辑视频的过程当中，记得要添加水印，既可以添加明显的水印，也可以选择相对隐蔽的水印，这样能够避免视频被盗用。

4. 配乐配音：动人心弦，欲罢不能

短视频主要由画面和声音组成。声音是短视频重要的构成部分，对短视频的氛围烘托起着不可或缺的作用，就像恐怖片，不仅要有画面带来的恐怖感，而且离不开背景音乐对恐怖气氛的营造。如果把背景音乐关了，很可能瞬间就不再恐怖了。

短视频也一样，为什么有些视频那么有魔力，动人心弦，让人沉迷其中，欲罢不能？原因就在于有恰到好处的配乐、配音。

（1）配乐：影响短视频上热门的关键要素

配乐是短视频一个重要的构成部分，也是影响短视频上热门的关键要素，甚至在视频内容一般的情况下，恰到好处的配音能起到锦上添花乃至事半功倍的作用，产生1+1>2的爆款效应。

要在海量的背景音乐中选择适合视频内容、节奏和风格的背景音乐，不是一件容易的事，需要多听、多感悟，需要敏锐的乐感、丰富的经历，并且需要遵循一定的配乐技巧，才能为短视频配上动人心弦的背景音乐。

第一，根据账号定位、内容基调选择配乐。

首先，配乐要符合账号的总体定位、气质，比如搞笑类的视频账号，配乐就不能太抒情、太深沉；一些严肃类话题的账号（如法律类、知识类），配乐就不能太另类。否则，不匹配的背景音乐会扰乱账号定位，带来混乱的观看体验。

其次，配乐要符合视频内容的基调和情绪方向。明确内容想要传达的氛围情绪，是舒缓解压风、搞笑风，还是自然风？确定好情绪基调，才能进一步对短视频中的不同画面进行背景音乐的筛选。当用户看视频时，最希望听到什么背景音乐？举例来说，如果是风景类视频，可以选择一些大气磅礴的音乐；如果是古建筑类视频，可以配一些古色古香的音乐；如果是美食类视频，可以搭配一些相应节奏的轻音乐；如果是旅行类视频，可以配一些经典的纯音乐。

第二，根据视频节点来配乐。

大部分短视频的节奏和情绪都是由背景音乐来带动的。为了使背景音乐与视频内容更加契合，在进行视频剪辑时要按照拍摄的时间顺序先进行简单粗剪，然后分析视频的节奏，再根据整体的视频节点寻找合适的音乐，让视频内容与音乐更契合。

比如，对于长镜头较多的视频，就适合使用节奏缓慢的音乐；对于多镜头快速切换的视频，就适合使用节奏较快的音乐；对于搞笑类的视频，可在最后一个节点进行音乐切换，以强调反差；对于记录类的视频，可以随着场景的切换来进行音乐的切换，部分场景也可用原声来代替，随画面而变化，在画面切换的同时，增加用户听觉上的剪辑感。

总体来看，音乐和视频画面节奏匹配度越高，画面就会越具有观赏性。

第三，配乐不要喧宾夺主。

配乐的目的是让视频更完美，让画面衔接得更流畅、自然，起到画龙点睛的作用。最高境界的配乐，是让人根本感觉不到音乐的存在，而沉浸在视频的画面、情节和情绪中。

配乐不能抢了视频内容的风头，否则会主次颠倒，让用户弄不清关注的重点，也会掩盖作品本身的亮点。

（2）配音：让声音第一时间吸引观众

在制作短视频的过程中，配音是一项重要的工作，很多视频的配音甚至会比内容更具吸引力，能在第一时间吸引住观众，从而提高视频播放数据。

配音的好坏会直接影响短视频的质量和推荐量，许多短视频的内容不错，但败在了配音上。大多数的短视频都需要后期配音处理，但每个人的声音条件是有限的，即使录音设备足够好，很多人往往也无法实现理想的配音效果，尤其是电影解说、情感语录、励志语录、搞笑类、教程解说类视频，对配音的要求非常高，仅凭创作者自身的客观条件，很难通过录音制作出优秀的短视频配音。这种情况下，就要考虑借助一些配音软件或专门的配音演员来完成配音工作。

第一，九锤配音。

九锤配音于2021年6月上线，是一款文字转语音合成配音软件，用户可以自定义编辑文本内容。该软件支持1万字长文本配音合成，配音合成后支持导出MP3、WAV或MP4文件，融合多平台200多名AI情感配音员，部分配音员可选择情绪，具有逼真自然的效果，还可以调节音速和音调，自己配BGM，可用于短视频配音等。

九锤配音的用法非常简单，只需要将配音的文案放入九锤配音当中，然后再选择合适的配音员，如动漫配音、地方配音、温柔女音、稳重男音等几百种声音，选择好了配音员就可以合成配音，最后将配音导出，同短视频剪辑到一起即可。

第二，熊猫宝库。

熊猫宝库是一款很好用的配音工具软件，可以将文字转换为语音，适用于多种场景下的配音需求，还有海量背景音乐可以直接使用。软件里有200多位AI主播，可对语速、语调、节奏、数字读法、多音字、背景音乐等进行全方位设置，制作方法简单高效，使用时只需要将配音的文案放入熊猫宝库中，再选择合适的配音员，如方言、童声、女声、男声等，然后一键合成即可。

第三，大漠传音。

大漠传音是一款特别智能的短视频配音工具，里面的配音声线有上百种，有各类风格、特色方言配音，还有多人配音、对话配音等。大漠传音借助先进的人工智能语音合成系统，能够实现流畅、饱满的语音效果，支持调节局部变速、插入间隔功能，自由设置发音语速，使合成的声音丰富，适合不同的配音环境。

第四，剪映。

剪映的主要功能是剪辑视频，同时兼具配音功能，不过主播选择面比较小，功能也不是特别完善，但其智能配音功能可以满足一些基本的配音需要，可以在一个软件内实现剪辑和配音工作，相对方便一些。

第五，配音火火。

这是一款微信配音小程序，无须下载，微信搜索后在线使用即可，支持普通话、英语、粤语、四川话、东北话、湖南话、台湾话等多个语种，高拟真人发音，抑扬顿挫，还有多种情绪可选择。配音火火当前可免费使用。

第六，专业配音员。

传统意义上的配音是一门语言艺术，也是一项专业性非常强的工作，是配音演员们用自己的声音和语言在银幕后、话筒前进行塑造和完善各种活生生的、性格色彩鲜明的人物形象的一项创造性工作。

对于预算充足的短视频团队，可以找专业配音员来配音。不过，一线配音员的收费标准比较高，稍微有些名气的配音员收费每100字配音收费都要上千元。如果预算不多的话，可以去淘宝之类的电商平台购买配音服务，价格在每100字收费40～50元，但配音质量可能要差一些。

5. 封面设计：独特封面保障点击量

短视频想要在第一时间抓住观众的注意力?

短视频想上热门?

吸引眼球的封面至关重要。

（1）封面设计的基本原则

视频封面包含封面图片、标题和文案。优秀的封面应符合以下原则。

第一，封面要与视频内容互相呼应。

封面要拒绝标题党，要同内容直接关联，让用户可以从封面中了解到视频的大致内容和方向，吸引他们点击进去。

第二，封面图片要清晰有重点。

封面图片可以单独设计，也可以直接采用视频截图，但一定要保持清晰度，模糊的封面图片会降低推荐量。图片要能反映视频重点，让用户一眼就能够看出大概的内容。

第三，封面标题要尽可能简短。

短视频抓住的是用户的碎片时间，一个短视频呈现在用户面前的时间只有短短几秒钟，所以标题要尽可能简短，让用户一眼扫过去就能明白大概意思。字数一般控制在15～20个字，手机上显示大概一行到两行，字数太多会让用户很难找到重点，也会产生视觉疲劳。

例如，“没什么好聚好散，其实都铁了心要幸福给旧人看。”“众生皆苦，只有我是酸甜酸甜的草莓味。”

第四，文案要包含关键词。

封面文案要包含两类关键词。

一是有关视频内容的关键词。

比如美妆类的内容，如果标题里出现“护肤”“口红”“美白”“祛斑”等关键词，美食类内容出现“奶茶”“烧烤”“火锅”等关键词，旅游类内容出现“自驾”“骑行”“露营”“房车”等关键词，系统将会根据关键词优先推荐给具有共同标签的精准人群，不仅能够大大提高上热门的概率，而且会增加精准流量和精准粉丝。

二是爆点关键词。

爆点关键词是更容易引爆流量的热词，可以是当下的热门话题，也可以是反常规的关键词，比如，“易烊千玺”“余欢水”“‘90后’”“‘00后’”“C位逆袭”等。又如，“84岁跑者参加马拉松，坚持跑完半马”这样的标题更能引起关注和具备话题性。

第五，引发共情。

励志、同情、真善美、正能量等主题的文案之所以能够火爆，是因为击中了用户的痛点，引起了大家的共情和共鸣。例如，“为什么要努力赚钱?因为钱可以解决99%以上的烦恼”“有时候，人之所以会哭，不是因为脆弱，是一个人坚强了太久”“远嫁的痛，结婚一年我终于懂了”“成为妈妈：深夜崩溃，在娃面前大喊大哭”等。

第六，引起互动。

具有引导性的文案，可以引导粉丝去评论互动，同时视频内容要有槽点，让粉丝有点赞或评论吐槽的欲望。这类文案以疑问句和反问句居多。比如“你觉得哪套更好看？”“杨坤diss惊雷，你怎么看？”仿佛是在和粉丝对话，能增加他们的参与度。

（2）高点击率的封面文案类型

高点击率的封面文案有一定的共性，大致分为以下几类。

第一，总结型。

对相关细分领域和视频内容进行盘点、总结，将核心观点或数据进行提炼，主要关键词包括数字、集合、盘点、全套、榜单、清单等，尤其适合评测、分享类的视频，比如“最好用的……大盘点”“最好看的……电影清单”“收藏率最高的……排行榜”“荒岛求生系列合集”等，让人一看就知道是满满的干货，忍不住点赞、收藏、关注。

第二，连载型。

适合系列选题，系列标题意味着持续的内容更新和输出，会让用户对创作者的创作能力产生信任，很大概率会关注并开启追剧模式。关键词包括系列、话题、持续分享干货、我的……第N天等，如“新房装修系列——再见了飘窗（七）”。

第三，提问型。

通过提问的方式，能够让用户积极参与互动，关键词包括为什么、怎么样、如何、你认为、怎么做、如何搞定、你同意吗、你怎么看等。例如，“如何在快手上快速地挣钱”“如何在15天内瘦20斤”“女生婚前一定要买房，你同意吗？”等。

第四，假设型。

通过假设某种情况，将用户带入某种场景，提高其对内容的兴趣和参与度。关键词包括假设、假如、如果、难道、应该怎样做等。例如，“当你跟老公出门，谁都不想开车时，应该怎么做？”

第五，对比型。

对比型内容容易引起用户的兴趣和关注，要通过封面文案将对比要素凸显出来，关键词包括VS、PK、区别、不同、不一样等。比如，“三年前的房价VS现在的房价！”“……学区房大PK”“特斯拉和比亚迪的电池有何不同？”等。

第六，名人背书型。

名人包括明星、专家、企业家、网红等，名人背书型文案可以增加用户对内容的信任度，同时可以激发用户的明星效应和从众心理。例如，“……力荐”“……直播间同款”“……等明星打卡过的网红餐厅”等。

第七，悬念型。

悬念型封面一般运用设置悬念的方法，通过在封面上设置吸引人的文字标题或人物画面，激起用户的好奇心，引导用户点进去观看，了解短视频内容最后的结果如何。

悬念型封面除了图片外，更多的是在文案上展示出来，这是指将视频中吸引人的内容先在标题中提示或暗示，在用户心中悬下疑团，引起思考，诱发用户的好奇心，将他们想要把真相一探究竟的欲望激发到极致。例如，“这五个问题没聊清楚，婚就先别结了”“好标题最笨的方法，就俩字”“××最糟糕的事情发生了，到底是谁干的？”等。

第八，痛点型。

抛出用户痛点，提供解决方案，适用于实用干货类的选题内容，往往是以标题为主、封面为辅。例如，“不想口臭找上你，这3样真不能少”“吃火锅冷饮一时爽，回家是不是拉肚子了？”等。

6. 封面禁忌：平台的封面规范是什么

设计短视频封面和文案，固然要标新立异，博取眼球，但不可无底线。设计封面时，要充分解读快手平台的封面规范和封面禁忌，以免遭平台规则的处罚。

（1）平台禁止什么样的封面

平台禁止的封面类型包括但不限于以下几种（见表6-1）。

表6-1　平台禁止的封面类型

类型	内容
低俗	画面中心停留在人体敏感部位，或敏感部位过于突出；私密场景下刻意展示过度亲密或诱惑性动作，引发低俗联想；封面中文字描述含有明显低俗的导向，造成较低俗内容的联想，如扯坏黑丝、夜场女孩儿、小伙儿被榨干等
社会气	刻意展示抽烟、大面积文身、喝酒画面、未成年人成人化言行等
动物相关	引人不适的软体/爬行动物，动物密集呈现，或近距离拍摄动物器官
人体相关	器官放大，比如正常身体器官（肌肤）过度放大形成一定的视觉冲击感和画面不适感
器官畸形	身体器官及外形因病变、先天、后天等形成的畸形和变异，具有较强的画面冲击力，如烧烫伤、面部毁容等
组织密集	画面呈现近距离人体器官，形成高密集、高冲击感画面，如挖耳屎、去黑头、头屑等
血腥/恐怖	画面含有较多血腥、残忍元素，或有惊悚、怪异、恐怖画面呈现
不文明	封面文字元素中含有辱骂、攻击、泄愤等不文明词汇和语言，如“给你牛B坏了”等
过度夸张	绝对化语气，缺乏依据解释，如不看后悔一生、女人熬夜变男人等
虚假	明显不符合常识、事实，恶意误导用户点击。比如，某男明星终于要给某女明星一个婚礼了
怪异	画面呈现中的人物形象、动作、表情夸张怪异，且有违常识，有吸睛效果
无效信息	封面无有效信息传递，画面无明确主体且无有效文字信息展示
无信息传递	画面中不含人物、场景、文字等信息，如黑屏、糊图等

（2）平台不鼓励什么样的封面

平台不鼓励的封面主要包括但不限于以下几种（见表6-2）。

表6-2　平台不鼓励的封面类型

类型	内容
画面观感低	有明显油腻感的食物堆积，接近画面1/3
不良行为	如刻意展示抽烟、大面积文身、喝酒画面
违背常识	画面中的人物形象、动作、表情轻微夸张
脏乱感	物体摆放杂乱或不整洁，呈现一定的脏乱感
不美观	特定场景、角色带来的不美观，如过分突出的孕肚、放大呈现虫子特效、哭丧等
惊悚	特定内容呈现带来轻度的惊悚感、怪异感，如恐怖影视剧、街头民间表演类
敏感词	直接提及两性相关、人体组织等直接词汇，如“大便前硬后软是为什么？”
排版杂乱	标题、文字、框、打码等排版杂乱，呈现不明，形式、大小不一，分布无规律，颜色杂乱
软色情诱导	无低俗意图的性感展示或裸露，结合场景、动作或氛围展示有一定的诱惑性，如明星性感写真、男性上半身赤裸

以上封面类型，虽然不被平台禁止，但也不被提倡，建议予以规避，避免带来限流等不必要的麻烦。

（3）什么样的标题不合格

在平台看来，不合格的封面标题主要包括但不限于以下几种（见表6-3）。

表6-3　不合格的标题类型

类型	内容
字数不足	标题字数过短，无法明确表达主题
无意义标题	标题中含有大量表情、标点、乱码、外语等，但无实质性信息
与封面重复	标题内容与封面文字内容高度重复
语义不完整	标题未写完，语义不完整
与内容无关	标题与视频内容不相关

续表

类型	内容
敏感话题	涉政、暴力恐怖、封建迷信、不良价值观、敏感表述（跟踪、强奸、变态等）
反感话题	两性、生殖、医疗、健康内容等
擦边话题	低俗色情、博眼球标题；灵异、恐怖、玄学；过于绝对、缺少科学依据的结论
推广标题	标题含有明显推广广告内容，包含联系方式的商品、服务的功能价格、购买途径以及介绍、兼职、招募、营销、创业等
引流话题	比如引流至个人社交账号，引流至直播间，引流至竞品平台或其App、网站
诱导互动	以各种方式、话术来骗赞、关注、评论、播放
不良导向	以性暗示、低俗表述为主的低俗色情；未成年人的不适当行为；非专业人士的危险行为；不良风气
其他内容	过时、非官方发布的快手负面信息，其他画面感强、易引发生理不适或反感的标题

相对而言，表述清晰、结构完整、内容无间断、描述有文采、语义完整、具备作品内容关键词的标题，则是平台认可的好标题。

（4）封面违规有何处罚

如果封面质量不佳，可能会影响作品的打开率，而优质的封面可以获得平台更多的曝光。快手严格禁止封面中含有不符合国家法律法规及快手规范的内容，如果封面存在违规内容，平台会依据情节严重程度给予封面清空、权限封禁、账号封禁等处罚，所以一定要规范设计、上传封面。

第七章

吸粉引流：快速引流、快速吸粉涨粉

流量是稀缺资源。在快手平台，创业者成也流量，败也流量。流量从哪里来？流量不是官方发放的，是靠自己的内容挣来的。

优质内容是流量的源头，引流涨粉的根本之道是提升内容创作能力。同时，在了解平台曝光逻辑的基础上，掌握相应的引流吸粉技巧，还要学会利用平台的流量扶持政策，进行全方位引流吸粉。

1. 流量何来：优质内容是流量的源头

流量从哪里来?

流量不是官方发放的，是靠自己的内容挣来的。

快手平台有一套智能化的内容分发机制，跟传统媒体时代存在很大的区别。在渠道为王的时代，很多平台首页上的内容是靠编辑把精品的内容推到主页让大家看到。而在快手上发布一条视频内容，在通过审核之后，内容都会先被机器分配到小流量池进行内容试验，如果在小范围内获得了一个较高的互动率（播放、点赞、收藏等相关数据），机器才会进行接下来的持续分发。如果内容不够优质，除了基础曝光量之外，将无法获取更多的曝光量。

优质内容是流量的源头。因此，引流涨粉的根本之道是提升内容创作能力。当我们了解平台的基础曝光逻辑之后，可以从以下几个方面进行全面提升，赚取流量。

（1）了解市场痛点，用内容服务用户

获取粉丝量及高数据量背后的本质是通过高价值的内容来获得用户青睐。在做内容之前，需要有敏锐的市场痛点侦查能力，只有了解了大众的内容痛点，才可以挖掘新的内容需求点，从而有针对性地提高内容价值。

（2）挖掘自身优势，避免内容同质化

快手尊重每一个人的个性，每一个平凡人都有不平凡的闪光点。平台几十个垂直赛道都具有强劲的变现价值，应该挖掘自身优势，做最擅长的内容以快速获取流量，而不是无脑地跟随流量，做同质化、原创度低的内容。

（3）提升内容创作能力，创新账号模式

快手是一个视频化的内容输出平台，所以基础的拍摄知识、剪辑知识及内容策划流程都需要有针对性地提升，每一个火爆全网的账号背后其实都是大量的创新与不断的市场分析总结。

输出优质内容和爆款内容是最直接、最靠谱、最容易的引流涨粉途径，只要将内容做好，流量自然会来，粉丝量也会随之涨起来。

第一，保持内容的垂直。

快手涨粉的基础是根据账号的垂直定位，分析垂直领域粉丝的画像，然后依照他们的标签、画像来进行内容定位。如果是美妆类账号，可以通过美妆技巧、美妆产品的使用方法等垂直内容，吸引垂直粉丝关注。

第二，明确内容风格。

作为一个创作者，要有自己的个性，形成自己独特的内容风格。有的创作者的风格搞笑逗趣，有的风格专业沉稳，有的风格温柔知性。不管是哪个领域的创作者，最重要的是有自己鲜明的个性和内容风格，保持风格的一惯性，只有这样才能让用户真正地记住你、喜欢你、关注你。

第三，发布高质量原创作品。

根据垂直定位，发布优质原创短视频。高质量原创作品是每个平台都极力推荐的，无论时代如何演变，唯有高质量的内容是不可替代的。在快手发布高质量的原创作品会获得更多的推荐量。对于粉丝而言，高质量原创内容意味着高价值，因此吸粉能力更强。

第四，持续输出优质内容。

保证内容持续输出，坚持才是胜利。保持日常更新短视频，不仅能提高账号的活跃度，提升粉丝量，而且能提高账号的权重，获得更多的平台推荐。如果更新不稳定，流量会逐渐下降，同时也容易掉粉。

优质内容一定要有自己的核心竞争力，能够为用户带来一定的价值。内容的价值所在与创作领域和创作者自身的特点有关。内容价值主要表现在以

下几个方面。

娱乐价值：为用户提供娱乐享受。通过趣味、创意、好玩的内容为用户提供娱乐享受。

情感价值：引发用户情感共鸣。能够调动粉丝或是悲伤，或是感动，或是开心的情感体验。

实用价值：技能教学、经验分享、知识传播。通过技能教学、经验分享、知识传播等为用户的现实生活提供参考和借鉴。

信息价值：满足用户的信息需求和好奇心。能够提供增益信息，告诉用户所不知道的信息，满足用户的信息需求和好奇心。

第五，多做复盘总结。

随着粉丝量的不断增长，需要不断更新粉丝画像，多做复盘总结，分析粉丝喜欢什么内容，结合同类账号的爆款内容，在垂直定位的范畴内尽可能地分享粉丝喜欢的内容，提升粉丝黏性，吸引新粉丝关注。

（4）借用快手产品力，快速商业化

从商业化的角度来看，快手是一个内容营销和变现工具，创作者可以把快手当作一个赚钱、创业的互联网工具。只有找到合适的变现渠道，实现商业化，找到适合自己的盈利模式，才能支撑持续创作优质内容，实现创作—引流—变现—创作的良性循环。

2. 引流入口：利用快手自身生态吸粉

只有私域流量才是自己的、免费的、可以反复触达的流量，要善于从公域流量平台将流量沉淀到私域流量池。

快手是一个巨大的公域流量平台，粉丝黏性和忠诚度都相对较差，只有引流到私域才是自己的流量。如何将公域流量引到私域流量池呢?

快手官方是明确禁止站外引流行为的，不过我们还是可以借助快手生态上自带的一些流量入口来向私域流量池（主要是微信和微信群，服务号也可以导流至企业微信）导流。

（1）快手号

将快手号设置备注为“全网同号”（同抖音、微信、微博账号），吸引粉丝添加、关注其他账号。

（2）账号背景墙

通过在账号背景墙展示电话、微信号、公众号、群聊号等形式，引导客户搜索；或在账号背景墙提示关注并私信领取福利，在私信里引导添加微信、公众号等。在图片里引导添加微信、公众号等时，最好做一些谐音处理，调整好图片的尺寸，尽量让用户不下拉就能看到完整的信息。

（3）账号简介区

可以在账号介绍区提及公众号名称和微信号、QQ群号、微博号等，引导用户搜索关注。主要是做一些表情和谐音处理（见图7–1）。

（4）直播间

在直播中主播可提示用户在哪里领取福利、怎样联系主播，公屏上可以显示电话、微信号、二维码等，引导粉丝添加私域，但不要频繁提及“微信”二字，否则容易被断播或封号。

（5）视频

将引流联系方式隐晦地植入视频内容中，但不可太生硬。账号定位越精准、越垂直，粉丝越精准，变现越轻松，获得的精准流量就越多。

（6）蓝V引流

企业蓝V是认证的服务号，可以在主页挂官方电话和官方网站，线下商家还可以直接挂“导航到店”（见图7-2），直接向线下门店引流。

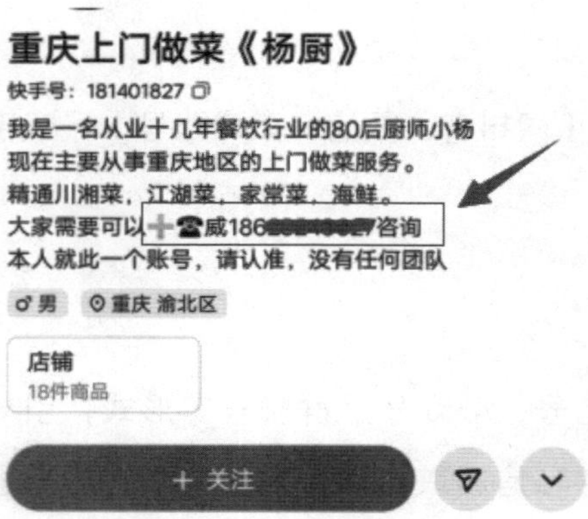

图 7-1 快手账号简介区中的引流信息

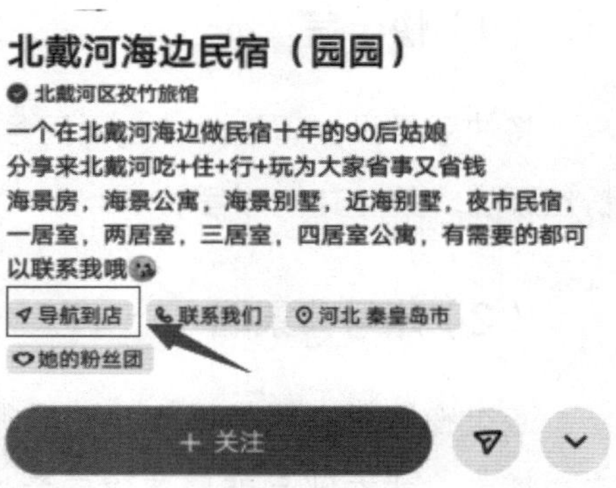

图 7-2 快手账号简介区中的“导航到店”

（7）评论区

移动互联网时代的用户参与互动的意识非常强，特别是对互联网平台的乐闻趣事更是喜欢参与谈论、分享等。所以，快手引流加粉可以利用评论区进行引流，如多去同行快手账号留下自己的足迹，或者抛出观念，让更多的小伙伴们参与评论。

评论区引流分为两种，一种是引自己的流量，另一种是引别人的流量。

第一，引自己的流量。

在自己的视频下面进行评论引流，尽量不要在置顶评论中写联系方式，可在后面点赞高的评论中隐晦地留下联系方式，也可以利用小号去评论区引流。

第二，引别人的流量。

在别人的视频评论区进行评论引流。

评论区有时会比视频本身更精彩，一些脑洞大开、恰到好处、锦上添花的评论，本身也能获得成千上万条点赞，甚是热闹，而热闹的背后，也能起到很好的引流作用。

这种热门评论能带来很好的引流效果（见图7–3），注意看图中的这条评论，该评论是对某旅游短视频做出的，评论中介绍了一个吸引人的景点，有详细的地址和名称，点赞量将近2000，相信肯定会吸引一些感兴趣的精准粉丝前去打卡。

通过评论涨粉，有几个操作要点。

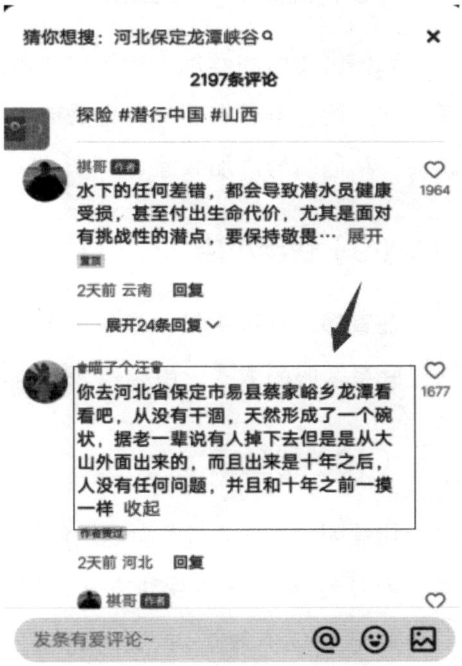

图 7–3 短视频评论区

第一，评论大号和爆款。

要选择同领域的大号或爆款短视频进行评论，因为流量大，如果点评内容比较犀利，观点独到，就能引起其他网友的积极点赞、评论或关注，自然就能达到引流和吸粉的目的。评价一些流量小的小号是没有意义的。

第二，不要带敏感广告词。

每条评论的内容最好不要相同，千万不要带敏感广告词，否则就会立马被删，根据自己的理解正常去评论即可。

第三，注意评论频率。

采用快手评论引流一定要注意评论的频率，快手平台的考核还是比较严格的，一旦发现频繁评论就会被封号，所以尽量做到评论一个作品歇一会儿，切记不要一分钟评论好几个。

（8）私信区和粉丝群

私信区提醒粉丝加入粉丝群或者提醒粉丝在主页界面联系，引导查找联系方式。粉丝群发布图片、直播链接、外链、公众号名称、微信号等，通过跳转、私信引导添加微信。

（9）快手小店

在直播、视频中投放快手小店商品，购买后跳转外链或发送短信，或者通过联系客服的方式，引导添加微信。

（10）粉丝团

粉丝团（见图7-4）功能是创作者和粉丝专属的一种互动方式，忠爱粉通过做任务表达对创作者的喜爱，积累更多的亲密值，从而升级到更高的粉丝团等级，获得专属的等级特权。

粉丝团是官方允许的将公域流量引入私域流量池的合法入口，要充分利用起来。

图 7-4 账号主页的“粉丝团”标识

开通粉丝团功能的具体操作方法如下：

打开快手App，依次点击右下侧“我”—右上角“…”—“设置”—“关于我们”—“检测新版本”，将快手版本更新至最新版本。

完成快手版本更新后，打开快手直播界面，在界面左上角增加“天使”图标，这里便是粉丝团的入口位置，证明快手粉丝团功能已开启。

3. 流量扶持：加入平台的官方激励计划

流量是最稀缺的资源。在快手平台，创业者成也流量，败也流量。要在快手这个公域平台更好地吸粉引流，就要最大限度地利用平台的各项流量扶持政策，加入各种扶持计划。

当前，快手平台为创作者准备的流量扶持和激励计划主要包括光合计划、春蕾计划和星火计划。

（1）光合计划

光合计划是一套全新的创作者激励计划，主要是用现金、流量权益激励创作者多发优质作品，促使账号快速成长。

第一，谁能参与光合计划？

目前，快手平台光合计划处于内测期，仅开放给1万～100万粉段的创作者，由平台向其发出定向邀约。没有权限的账户可以继续关注官方的最新动态和通知。

第二，如何加入光合计划？

内测期，光合计划会开通给部分万粉以上的创作者，若符合开通条件，平台定向邀请其开通，受邀创作者会收到“快手光合作者助手”的开通邀请私信，其他创作者需耐心等待。

第三，加入光合计划后有什么权益？

加入光合计划的创作者，将获得如下权益：

新人红包。新加入光合计划的创作者发布优质作品后，会获得一个新人奖励红包。

现金权益。每一条好作品都值得被奖励，发布好作品就有红包拿，包括基础红包和翻倍红包。

流量权益。每一条优质作品都有机会获得流量券奖励，从而获得更多的曝光机会。

第四，加入光合计划后，怎样获得现金奖励?

现金奖励的详情如下：

①新人红包。新加入光合计划的创作者发布一条优质作品，通过光合审核后，将得到一个专属新人红包，红包金额以个人主页面显示为准。

②基础红包。每发布一条优质作品，通过光合计划官方审核后，创作者能够领取一个红包，直到达到红包个数领取上限。互动回复自己作品下的评论和保持稳定的创作频率可增加红包加成。

③翻倍红包。发布的优质作品达到一定数量后，就有机会获得翻倍红包，面额会比基础红包大很多。

④红包领取。每个红包需要在光合页面点击领取后才可到账，逾期不领取也不会过期。

⑤红包构成。新人红包为现金红包，基础红包和翻倍红包由现金红包和流量券构成，流量券不是每个红包都有，具体以光合页面显示为准。

第五，光合计划对作品的要求是什么?

光合计划对作品的要求包括以下几个：

①时长≥7秒、持续保持公开、等待平台审核且是通过快手App（含大屏版）、快手极速版App、快手直播伴侣中任意端发布的作品。不符合要求的作品不计入奖励。

②播放量达标。

③删除重发和搬运他人的视频不计入奖励，以平台最终审核结果为准。

（2）春蕾计划

不同于光合计划对部分用户开放，春蕾计划是快手向站内所有用户开放的现金邀约活动。通过有奖邀请和入驻奖励，建立用户邀请、用户自发入驻机制。推荐官与受邀人共同获益，目的是实现快手站内优质创作者数量和优质内容供给增长。

第一，活动收益。

①推荐官。成功推荐创作者有什么奖励?

如果被推荐的创作者在站外拥有的粉丝量为1万～50万，将奖励推荐官50元/人；被推荐的创作者站外拥有的粉丝量超过50万，奖励推荐官100元/人。

②受邀创作者。入驻春蕾计划有什么权益?

受邀创作者成功入驻快手后，可解锁春蕾计划各项任务获取权益。权益分为三大类型：可得150元任务现金奖励；流量助推不设上限；7×24h专属运营在线答疑。

第二，邀请活动攻略。

打开快手App搜索春蕾计划并点击，进入活动页面，点击活动页面“立即邀请”，粘贴口令发送给微信好友，受邀人复制口令到快手，提交资料完成入驻。受邀人完成指定任务后，推荐官即可获得现金奖励，受邀人可获得任务奖励。

第三，春蕾计划如何开通?

春蕾计划开通方法如下：

①打开快手极速版软件。

②点击三横线图标，打开侧边栏。

③点击“大家都在看”。

④点击“入驻奖励”。

⑤点击“去入驻”。

⑥下拉页面查看需要填写的资料。

⑦填写完毕提交认证，等待审核通过。通过审核就加入春蕾计划了。

（3）星火计划

星火计划是快手优质创作者的商业化扶持项目，目的是帮助优质创作者提升变现能力。简单地说，星火计划是一个帮创作者挣钱的项目，同时也能给予创作者流量扶持。其主要面对作品优质并且有商业化变现需求的创作者。

第一，怎样才能加入星火计划?

加入星火计划，目前暂时仅限于平台邀请。需要注意的是，官方邀请有时效期，接到邀请后最好尽快加入，过期可能会导致无法参与。

官方对创作者下发邀请后，创作者可通过站内消息和站外短信收到星火计划的邀请，点击邀请链接，按指示步骤操作即可。

第二，加入星火计划之后能获得哪些权益?

星火计划赋予创作者的权益包括以下内容：

①定向派单。已经开通磁力聚星，且加入星火计划的创作者，能够在星火页面上看到优先推荐的高收益好单。

②现金福利。星火计划会根据成员的商单作品的表现，发放额外的现金红包福利。

③变现课程。能够帮助变现小白学会在平台挣钱，帮变现达人挣更多的钱。

④流量助推。星火成员商单作品有机会收到平台的额外流量助推奖励，更有利于引流吸粉。

第三，奖励规则。

加入星火计划的创作者有初级达人、中级达人、高级达人三级成长制，分别对应不同的奖励标准。

①初级达人。

初级达人的奖励标准如下（见表7-1）。

表7-1　初级达人的奖励标准

商单曝光总和排名	现金激励/元	流量激励
前10	200	20000
11～50	80	10000
51～100	40	5000
101～200	20	—

②中级达人。

中级达人的奖励标准如下（见表7-2）。

表7-2　中级达人的奖励标准

商单曝光总和排名	现金激励/元	流量激励
前10	500	30000
11～50	200	20000
51～100	60	10000
101～200	40	3000

③高级达人。

高级达人的奖励标准如下（见表7-3）。

表7-3　高级达人的奖励标准

商单曝光总和排名	现金激励/元	流量激励
前10	800	50000
11～50	300	30000
51～100	80	10000
101～200	50	5000

4. 原创保护：以优质原创作品来涨粉

创作优质原创作品是引流涨粉的底层逻辑。有条件的创作者，务必开通原创保护，能获得包括流量扶持在内的一系列权益。

（1）什么是快手原创保护

原创保护是快手平台针对优质原创作者提供的特殊权益，包括但不限于内容版权保护、仿冒号打压及账号扶持等。优质原创作者加入原创保护后，可以有效防止作品被他人搬运，更好地在站内进行分享。

目前，快手平台的原创保护功能仅开放给粉丝量大于或等于1万的创作者，后续会逐步开放。

（2）原创保护的内容范围

由个人或团队独立创作的短视频内容，拥有作品内所有呈现内容的相关版权。在内容作品形式上，需要满足以下条件：

第一，视频内容需符合主流价值观，账号及内容无负向判罚等。

第二，视频内容画面干净整洁，主题明确并有完整的信息、账号及内容风格统一。

第三，真人出镜类视频要有明确的人设属性，出镜人与账号实名认证信息需保持一致。

第四，非真人出镜的视频要有明确的主题定位，根据作品的垂类度、风格呈现、账号特征、创作者提供的材料等，可以判断账号下的内容属于当前账号所创作。

(3)原创保护有哪些权益

获得原创保护的创作者，将获得如下权益(见表7-4)。

表7-4 原创保护的权益

权益类型	权益名称	权益说明	权益状态
保护	作品保护	原创作品获得平台保护，防止被他人搬运	已开通
	仿冒号打压	平台定期打压站内疑似仿冒账号，保护原创账号	已开通
扶持	流量助推	先人一步，获得流量助推，瓜分流量奖励	已开通
	涨粉扶持	原创账号将被优先推荐给感兴趣的用户，助力涨粉	已开通
变现	流量变现	磁力聚星助力创作者将流量变现，释放更多的商业价值	已开通
维权	粉丝迁移	将仿冒账号的粉丝迁移到原创账号	内测中
	站内维权	平台推送疑似搬运作品，原创作者维权优先处理	待开通
	全网维权	建立全网监测体系，发现侵权线索，帮助原创作者维权	待开通
审核	专审通道	开辟VIP审核通道，作品专人审核，提供创作指导	待开通

(4)原创作者权益申请

第一，原创作者权益申请入口。

打开快手App，依次选择右下角“我”—右上角“…”—“创作者中心”—“全部服务”—“原创保护”。满足申请条件，即可申请加入。

第二，原创作者权益申请标准。

原创作者权益申请标准如下：

①绑定手机号。

②完成实名认证。

③当前账号无违规行为。

④粉丝数≥1万。

⑤近一个月公开作品≥4个。

第三，原创保护证明材料。

申请原创保护的证明材料主要有以下几种类型(见表7-5)。

表7-5 原创保护证明材料

证明类型	参考信息
活体视频验证	提供的照片、视频能够确认与账号出镜人或账号实名认证身份信息一致
社交媒体平台主页截图	提供的照片、视频能够看到原创作者的昵称、头像和作品集。 第三方平台的作者昵称、头像和站内原创作者昵称、头像基本一致。 第三方平台的作品集和站内原创作品集80%以上是一致的。 第三方平台的作品集中包含站内被查重的作品
视频拍摄花絮、剪辑过程	高清、无水印、无PS痕迹，能够看出至少以下几点： ①照片、视频能够体现出完整的视频拍摄过程。 ②照片、视频与原创作品有直接显著的关联，比如出现了视频中的同款主要场景、人员等。 ③能够看出原创作者至少拥有3段以上的原素材。 ④能够看出时间、地点等拍摄信息。 ⑤深度二创类，能够看出配音、解说内容
版权证明、证书	高清、无水印、无PS痕迹。 证明中的信息要素完备，包括但不限于作品名、作品编号、版权人/单位、政府公章、时间期限等

第四，申请原创保护被拒绝的原因。

若申请原创保护未通过，会收到平台私信通知，原因包括但不限于以下几个：

①头像、昵称、简介、背景图不符合社区规范。

②账号内容质量未达到原创标准。

③上传的活体视频与出镜人、实名认证信息不一致。

④上传的证明材料不正确、不清晰、不完整，不足以证明该内容版权归账号本人所有。

被拒绝30天后，可再次提交申请，如上传证明材料有问题而被拒绝，可直接修改材料再次申请。

第五，站外优质原创作者申请方式。

其他平台的作者申请快手原创保护的基本要求和材料如下（见表7-6）。

表7-6 站外作者申请原创保护的要求及材料

基础要求	所需材料
如果不符合站内申请条件中的粉丝量级要求，可联系人工客服，通过绿色通道申请。需满足以下条件： ①绑定手机号。 ②完成实名认证。 ③当前账号无违规行为。 ④近一个月公开作品≥4个。 ⑤第三方平台的粉丝量要符合要求。微博≥10万粉丝、抖音≥1万粉丝、B站≥1万粉丝、小红书≥1万粉丝。 如满足站内申请条件，可优先通过站内申请通道申请	符合条件后，联系快手客服（ID：40300103），提交相应的申请证明材料，包括： ①社交媒体平台个人主页截图（必须），提供的照片、视频能够看清作者昵称、头像和作品集。 ②视频拍摄花絮、剪辑的完整过程，需要画面高清、无水印、无PS痕迹（必选），提供的照片、视频与作品有直接显著的关联，能够体现出拍摄过程，且有3段以上的原素材。 ③版权证明、证书要高清、无水印、无PS痕迹（可选）。证明中的信息要素完备，包括但不限于作品名、作品编号、版权人/单位、政府公章、时间期限等；实名/主体信息与证明材料一致（机构主体名称或实名身份）

5. 直播引流：直播间涨粉的实战技巧

如何往直播间引流？如何快速涨粉？这都是快手博主们日思夜想的难题。实现边直播、边带货、边涨粉，更是博主们期望的理想状态。

理想很丰满，但现实很骨感，很多直播间都遇到过这样的问题：直播时直播间人气挺高，观众也不少，但直播结束后，看数据复盘，却发现新增粉丝很少。

如何往直播间引流并留住粉丝、快速涨粉呢？

（1）开播前发布优质作品

开播前，在自媒体平台发布优质作品，一方面可以在作品中预告直播，另一方面可以获得平台的流量支持。按照快手的算法机制，每位用户在发布短视频作品时，都会得到一部分推荐流量。

只有当作品的数据优秀，才会把作品再推荐给更多的人看，所以发布的作品一定要优质，争取获得更多的流量，为直播间引流。

（2）多渠道宣传推广

在直播开始前的一周左右，可以在自有平台和其他社交平台上宣传预热，以通知粉丝和吸引新的潜在用户来观看直播。

可在其他社区平台分享快手直播时间和内容，包括微博、朋友圈、微信公众号、微信群、QQ群、社群等，尽可能地吸引观众进入直播间。如果直播有固定的时间，在各个自媒体主页的个人简介中，添加直播的时间，比如“每晚8：00直播”，也可以在发布的短视频内插入标题“每晚8：00直播”，或者将“每晚8：00直播”放在备注上。

在开播的时候可以将直播间生成二维码，分享给微信好友，或转发至朋友圈来为直播间引流。

（3）引导关注和营销

对于刚进入直播间的用户，记得引导他们点击直播间上方的头像，关注自己。

每场直播，只要看到有人进入直播间，就要尽可能点名欢迎进入直播间（直播间人气特别火爆时例外），或者在直播间用白板写上“喜欢我就关注我”。

每当粉丝关注自己，只要有时间，就要主动发送感谢关注的话术。比如，“××（粉丝名称），感谢关注，我是一个××主播，直播时间是每天20:00—22:00。”

营销主要是指直播间的福利方面，也就是抽奖环节和优惠券的发放。在直播开播的时候，以及在直播中，都要不定期地向直播间的粉丝宣传福利，引导关注，话术如下：“感谢大家来到我的直播间，我给大家准备了抽奖活动，点击我的头像点点关注，关注之后就可以参与抽奖了。”

（4）发现页作品推广

当发布的作品被推荐到发现页，刚好主播在直播，别人刷到的时候，就会看到账号头像周围有直播标记，感兴趣的人就会进去观看直播。如果刚开直播的时候粉丝不多，可以先发一条常规作品，然后通过小店推广，定向推广到精准粉丝的发现页，有兴趣的人就会进来观看直播。

（5）快手直播推广

直播时，可以点击页面上的小火苗图标，然后购买直播推广，可以设置想要的观看人数和地区，出价越高展现机会越多。

（6）秒榜

秒榜是通过给大主播刷礼物，抢榜一或前几位，跟对方连麦PK，号召对方粉丝来自己的直播间，为直播间引流、涨粉。

秒榜是有成本的，要考虑投入和产出能否成正比。其中涉及主播的号召力、粉丝黏性、真实度等因素，还包括主播的控场能力、直播剧情和产品爆点等要素。

如果想去做秒榜，团队配合非常重要。主播负责卖货；客服负责售前售后，主要是负责打电话，把客户都加到微信，做服务、复购和开发高客单价产品；运营负责找性价比高的榜，如抢榜、盯榜、跟榜、占榜，要分析数据，分析主播榜值和粉丝属性，是一个专业细活。

（7）裂变吸粉

快手直播有一个功能叫分享红包。通过红包刺激用户转发，将直播间转发给微信好友、微信群和朋友圈才能领取红包。现在很多红包入口已经不能显示，但这个裂变玩法还是值得尝试的，目的是用存量找增量。

（8）连麦PK

直播时同其他主播或直播间进行在线视频聊天或PK，是非常不错的引流方式。主播连麦，有的时候连麦双方彼此熟识，约定好连麦，有的时候，素不相识的主播随机连麦，也极有可能创造意外的节目效果。

（9）主动找话题带节奏

粉丝没有问题、没话题，主播就自己创造话题，切忌冷场，要想方设法地让用户能够参与到其中，对于粉丝在评论区的问题要做到及时回复。

（10）尽量固定主播人选，不要随意更换

直播间的核心是主播，主播就像是我们熟悉的品牌logo，粉丝会因为熟悉了logo而有亲切感和信任感。所以尽量不要随意更换主播，否则容易导致粉丝流失。

6. 粉丝运营：私域社群的搭建与维护

在绝大多数短视频直播内容的社交平台中，我们通常把关注我们的人叫粉丝或用户。而在快手的内容生态中，内容创作者更愿意用老铁、家人们称呼这个群体，创作者通过内容、真心满足老铁们的精神需求，老铁们用关注为内容买单。

做粉丝运营，引流涨粉只是开始，最终目的是将粉丝引至私域流量池，做好私域粉丝社群的搭建与维护，让老铁、家人们的关系得以长久维持。

私域流量运营的核心载体是微信，将快手流量引至个人微信后，可引导粉丝进一步加入微信群或企业微信，打造真正意义上的私域流量社群。

（1）建立粉丝社群

当账号具备一定的粉丝基础之后，要开始建立粉丝群。在初始阶段，最好不要对进群粉丝设定过高的门槛，任何想加入微信群的粉丝，都可以邀请他们加入，这样微信群的规模才能迅速壮大，同时也能维持社群的活跃度和热度。

当我们用尽心思将粉丝吸引进微信群、QQ群之后，其实才刚刚开始，而非万事大吉了，否则粉丝退群的速度要远远快于进群的速度，让前期的引流努力付之东流。

因此，要想留住这些粉丝，并开展进一步的营销工作，就需要设计好方方面面的应对话术。

第一，欢迎话术。

新粉丝入群后，欢迎性话术的设计要充分换位思考，给人留下良好的第一印象。比如，“欢迎新朋友加入我们的大家庭，本群每天定期分享××方面的知识，如果觉得群里消息过多，可以设置消息免打扰，等空闲了再查看我们的群消息。另外，群里面会不定期地举行直播间同款产品的优惠秒杀活动哦！”

欢迎话术的目的是得到大家的好感，说话的态度不要太过强势，尽量给人留下一个好印象，给他们的暗示应该是——我能提供给你们的是你们想要的，但是又不会过多地耽误你们的时间。

第二，群规话术。

规则性的话术语气也要尽可能委婉，免得惹人反感。比如，“本群是学习交流群/折扣商品秒杀群，不允许发布广告、二维码、分享其他无关的信息哦，如果违规，会被请出去的。”

如果有人对此表示不理解，可这样予以解释：“本群是学习分享群，为了方便大家交流学习，就要有一个清净的群环境，如果每个人都随意发布信息，那么群里就乱套了，时间长了大家自己都会由于反感而退出。而且，太多的杂乱信息也容易让大家忽略一些关键的优惠信息。”

第三，转介绍话术。

当群里有人想介绍朋友加入时，可以这样设计回复话术：“亲，把咱们的群号发给你的朋友，申请加入时让他填写验证信息‘××’，管理员看到这个暗号后，就会准许加入了，否则是无法通过的。”

第四，成交引导话术。

群里面除了进行日常学习分享信息之外，不要忘了最终的营销变现目的，在发布产品信息时，可根据产品类型来设计具体的直播引流话术。

比如，“我们××又到货了，为了感谢大家一直以来的支持与陪伴，本周五晚8点，直播间不见不散。”

私域社群搭建完成之后，要通过一系列措施做好社群运营与促活。

（2）社群激活

建立私域社群的目的是锁定流量，持续为今后的变现（直播、线下经营场景）输出流量，有必要保持社群的活跃氛围，使群成员产生信任感及对产品、服务的认可度。

保持社群活跃度的常用方法有以下几种。

第一，优惠激活。

喜欢占便宜是不少人的天性，在社群中要经常推出优惠活动，发放优惠券或社群专属优惠资格（可用于直播间，也可用于特定品牌或线下专属门店）。通过丰富的优惠让利活动，促进做到“线上参与，线下领取，线下消费”，实现从线上到线下的引流，提高到店率，并提高顾客黏性。

第二，内容激活。

输出有价值的内容，使之发挥黏合剂、润滑油的作用，用来调和社群氛围。分享的优质内容，可以是软文，也可以是专业知识，还可以是有创意的短视频。

第三，红包激活。

红包是活跃社群氛围的利器。群主通过不定期地发放红包，能有效提升群成员的活跃度和参与度，保持社群活力。

（3）完善社群管理系统

私域社群要设置一个称职的群主或管理员，既要具备一定的群内社交能力，活跃社群氛围，圆滑处理各种群内关系，还要建立社群规则，否则没有规矩、各种垃圾信息满群飞，社群迟早会走向末路。

第一，人群仪式。

让粉丝获得社群归属感，从进入社群的第一时间就可以开始，比如入群介绍，或者发放入群欢迎红包。

第二，特别称呼。

社群中的粉丝应当拥有特别的称呼。让社群粉丝感受到自己的特别，才能让他们对社群有更强的归属感，进而做出更大的贡献。

第三，身份级别。

粉丝社群经过一段时间的运营和沉淀之后，应该做进一步的成员分级和角色划分，筛选出核心成员，比如KOL（Key Opinion Leader，意见领袖）、KOC等。

私域社群运营需不断推陈出新，给出一些创新玩法，才能保持社群成员的新鲜感，提升其参与度。

根据社群所依托的主体（个人社群、企业社群）类型，除了不定期地举行各种群内活动或福利发放外，还可以定期组织线下活动，交流情感。不过，社群运营的最终目的是为商家、企业输出流量、变现，社群运营者要始终牢记这一宗旨。

（4）如何运营好私域粉丝社群

私域粉丝社群运营要把控好几个要点。

第一，付出真心。

在真心面前，所有的方法和技巧都不值得一提。如果你真心把每一位老铁当成你的朋友、家人，就会想尽所有办法给予老铁们最好的一切，那么粉丝社群的活跃度和黏性自然就会提高。

第二，阶段性的粉丝福利活动。

当通过优质的内容、极致性价比的商品获得了一波流量之后，就可以通过福利活动来吸引新粉与巩固老粉。例如礼物抽奖活动、限时秒杀活动、1元购、1分购等，通过这种短期不在乎成本的做法能够获得粉丝的长期价值。

第三，老铁线下见面会。

例如可以通过积赞的形式，抽取幸运粉丝，邀请幸运粉丝与你共度周末或者分享你的日常，这样也会向更多老铁展示你的亲和力。

第四，内容从粉丝中来。

关注的老铁是因为内容而喜欢上主播的，这是二者关系的基础。主播可以通过对评论区调研，在生产内容的同时，将老铁们想看的内容安排上日程，老铁们一定能感受得到。

所以，最理想的一种粉丝运营方法就是不断打磨内容，精益求精。如果违背了这个初衷，可能就会遇到“粉转路”甚至“粉转黑”的情况。

第八章

变现模式：快手平台常见的变现途径

引流涨粉是快手账号运营的初级目的，而引流涨粉的最终目的是变现。变现是打造快手账号的终极目的，任何不以变现为目标的行动都是对账号定位初衷的违背。

新人做快手，务必具备变现思维，务必抱着明确的变现目标来运营账号，有针对性地进行内容输出和引流吸粉，将变现问题前置，从而提升账号的价值和变现潜力。

1. 磁力聚星：内容和生意一拍即合

磁力聚星是快手平台推出的达人生态营销平台，用来满足客户营销需求与达人的变现诉求。客户根据推广需求选择达人并发布短视频或直播推广订单，达人接单后定制商业短视频或通过直播形式帮助客户实现电商下单、App下载、线索收集或品牌营销等目标。

2023年2月22日，快手“2023·增量效应”磁力大会召开，聚焦释放商业新增量、全面增效客户价值两大方向，探索生意的确定性增长路径。截至2022年底，磁力聚星整体入驻达人数量接近200万；2022年下半年聚星商业内容爆款占比近25%。快手达人商业价值在持续增长，受到越来越多品牌的关注与青睐，带来的订单量也在不断攀升，对比2021年，2022年聚星订单量增长77%。

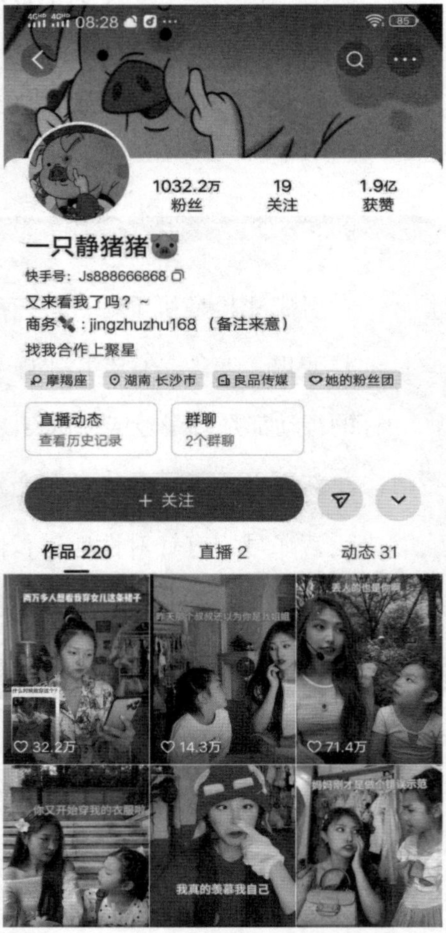

图 8-1 “一只静猪猪”快手账号主页

在达人侧，快手推出年度最具商业价值达人榜、年度最具号召力达人榜、年度最受行业品牌欢迎达人榜三个榜单。其中，凭借高水平创作和运营，一只静猪猪（见图8-1）、小嘴巴二白分别登上年度最具商业价值达人榜和最具号召力达人榜的榜首，学好姐姐、麦子七、我是田姥姥、杨迪、叶公子ye则分别位居交通、服装配饰、IT消电、食品饮料、美妆行业最受品牌欢迎达人。

磁力聚星类似于抖音平台的巨量星图，是快手达人变现的重要工具。

（1）如何加入磁力聚星

为促进创作者生态多元发展，助力平台商业营销多样化，2022年1月1日，快手磁力聚星降低了创作者入驻粉丝数的门槛规定，粉丝量超过1万的原生创作者即可入驻，机构创作者入驻依旧不设门槛。

磁力聚星针对达人提供了四种参与任务功能，分别为指派视频任务、指派直播任务、招募视频任务、招募直播任务。对应的达人加入门槛如下（见表8-1）。

表8-1　加入磁力聚星的门槛

功能	描述	达人加入的门槛
快视频	指派视频任务	机构达人或粉丝数> 5万的非机构达人
快直播	指派直播任务	机构达人或粉丝数≥5万的非机构达人
快任务	招募视频任务	1万<粉丝数≤500万
	招募直播任务	

满足以上要求的达人，可以在快手App申请加入，操作步骤为：点击右下角“我”—右上角“…”—“设置”—“我的聚星”。

其中，有快视频（指派视频任务）和快直播（指派直播任务）功能的达人，在收到平台发布的专属任务后，会收到私信和短信通知。达人手动接受任务，按任务要求，上传短视频即可。

有快任务（招募视频任务和招募直播任务）功能的达人，在收到客户发布的招募任务后，可自主领取任务，按任务要求发布短视频或发起直播即可。

（2）达人如何在聚星平台赚钱

在“我的聚星”“快任务（招募视频任务和招募直播任务）”页面内，

选择适合自己的视频任务或直播任务，点击关注任务，按任务要求发布内容即可，完成后可获得相应的佣金。

（3）客户如何找达人合作

磁力聚星平台支持两种任务类型。

第一，星视频/星直播：指派一位或多位达人，让达人接受专属任务。

第二，星任务：招募一群达人，由达人自主参加任务。

客户如果没有明确的达人想要合作时，可以尝试发布招募任务，让达人根据需求主动参加。如客户需要找到与自己营销诉求更为匹配的达人，可发布指派订单。

具体可通过平台支持的以下几种达人筛选排序工具来筛选达人：

第一，聚星达人热榜。

聚星达人热榜包括四类达人热门榜单——短视频达人榜、直播达人榜、视频热榜、快手话题热榜。以上榜单每日更新，客户可在对应的榜单中，按照达人所属垂类查看对应垂类的榜单，或点击“下载榜单”导出当前榜单的长图和Excel表，做进一步分析。选择合适的达人后，可点击榜单内达人昵称进入达人主页进一步了解，或直接将达人添加至“已选达人列表”。

第二，达人广场。

为了帮助客户进行多元化筛选，聚星对短视频/直播场景下的达人广场进行了优化升级，从内容分类、所属行业、内容形式、星标推荐、达人信息、内容表现、带货效果等七个纬度（见表8-2），为客户提供了更为丰富的筛选标签，帮助客户实现高效决策。

表8-2　达人筛选的七个维度

维度	内容
内容分类	根据达人近期作品的内容进行分类，细化分为一级、二级内容分类，帮助客户快速定位达人类型
所属行业	根据客户行业划分的标签，应用于达人筛选差异化策略 ，有效帮助客户深度挖掘行业中的优质达人、高潜达人

续表

维度	内容
内容形式	根据达人近期作品的内容形式划分标签，如种草测评、探店等，实现决策提效
星标推荐	可查看达人各项基础指标，如机构达人、支持对公、近30日粉丝数上升、有商单经验、历史合作过等展示指标
达人信息	除达人的基础信息外，还新增了达人指数、达人人设（职业）、出镜风格（调性）标签，帮助客户快速定位达人特征
内容表现	可查看达人各项核心指标，如预期CPM、CPE等，大幅提高客户的匹配效率
带货效果	帮助客户在给心仪短视频/直播达人下单前，通过查看达人广场/达人主页上的达人带货销售数据，对达人带货能力及擅长带货品类进行评估，筛选出最适合带自家产品的达人

第三，达人主页。

客户可在达人广场、达人热榜等页面内，点击某个达人昵称进入达人主页，主页包括达人概览、传播表现、受众分析、合作情况、电商带货五大模块。客户可以查看达人地域、垂类、所属机构等自我介绍信息，也可以查看平台根据达人数据预测的效果数据，包括近期作品数据、代表作品、粉丝增长趋势、粉丝属性等信息，以判断该达人是否符合自己的推广需求。

（4）磁力聚星私单

在平台看来，快手达人、快手MCN机构、快手磁力聚星代理商未通过聚星官方平台、私下收取报酬、通过视频或直播在快手进行商业推广的行为都属于私单。

私单是不被允许的，会遭受平台的相应处罚，比如罚款、接单权封禁（针对达人、MCN机构）或警告、没收保证金、扣除返点、全网通告（针对代理商）等。

2. 快手小店：卖货变现的操作流程

快手作为短视频内容平台，布局电商的步伐较早。2016年，快手上线直播功能；2017年开始布局直播带货；2018年推出快手小店；2019年，快手推出快手购物助手小程序，并同拼多多合作；2020年，快手和京东合作，进一步补足电商短板。

其中，快手小店是达人、商家进行卖货变现的主要通道，是一个务必抢占的变现高地。

（1）快手小店开通流程

快手小店分为个人店、个体店以及企业店，而企业店则分为旗舰店、专卖店、专营店、卖场型旗舰店及普通企业店。

通过实名认证的用户，可申请开通快手小店，需提交相关资质、营业执照，通过平台审核后方可开通，流程如下：

第一步，下载快手App，打开应用，点击左上角的三道杠图标。

第二步，点击“快手小店”，选择右上角的“我要开店”图标（见图8-2）。

图 8-2　快手小店入驻身份选择

第三步，根据自身情况选择以商家（包含个体工商户店、普通企业店、专营店/专卖店/旗舰店等）、达人（达人入驻，只分销商品，做推广赚钱，没有商品或店铺；也可以个人店身份入驻，不仅可以推广赚钱，还可以卖自己的商品）身份加入，点击“立即入驻”，填写相应信息，进行相应资质认证。其中，专营店/专卖店/旗舰店等入驻，需要在电脑端进入快手小店官网（https：//s.kwaixiaodian.com/），按流程操作（见表8-3）。

表8-3 快手小店入驻实操

类型	入驻流程
达人入驻	系统自动识别实名认证信息，确认无误后勾选相关协议，点击“人脸验证并入驻”按钮，经过本人扫脸验证成功后，即入驻成功
个人店入驻	上传身份证正、反面照片，等待姓名和证件号码填充完毕后，检验其正确性，确认无误后勾选协议（此协议与达人协议有区别），点击“人脸验证并入驻”按钮，经过本人扫脸验证成功后，即入驻成功
个体工商户入驻	选择个体工商店，需要填写经营者信息、店铺信息，随后经过平台审核，审核成功后，即入驻成功。 ①经营者信息。选择证件类型，上传证件正、反面照片，待姓名、证件号码、证件有效期等信息填充完毕后，检验正确性，随后进入人脸验证流程。验证通过后，上传清晰的营业执照图片，等待营业执照名称、统一社会信用代码、营业期限等数据自动填充，检验正确性，再输入公司经营地址，点击“下一步”。 ②店铺信息。输入管理员名字、手机号码、客服电话，随后根据营业执照上的经营类目，选择在平台准备经营的类目，根据平台提示上传各个经营类目要求的行业资质信息，最后填写退货联系人、手机号码和退货地址，签约入驻协议，提交审核。 ③平台审核。平台会在1～3个工作日反馈审核结果。审核通过，则直接进入工作台；审核未通过，则需商家根据错误提示修改入驻信息，重新提交审核，等待结果

续表

类型	入驻流程
企业店入驻	企业店铺分为专营店、专卖店、旗舰店和普通企业店铺。移动端目前仅支持普通企业入驻（其他类型可通过电脑端访问快手电商官网入驻），需填写企业主体信息、店铺信息，然后提交平台审核，通过则入驻成功。 ①企业主体信息。选择法人认证（管理员认证需用电脑入驻），选择证件类型，上传证件正、反面照片，等待姓名、证件号码、证件有效期等信息填充完毕后，检验正确性，随后进入人脸验证流程，验证通过后，上传清晰的营业执照图片，等待营业执照名称、统一社会信用代码、营业期限等数据自动填充完毕后，检验正确性，再输入公司经营地址，点击“下一步”。 ②店铺信息。输入管理员姓名、手机号码、客服电话，随后根据营业执照上的经营类目，选择在平台准备经营的类目，根据平台提示上传各个经营类目要求的行业资质信息，最后完成退货联系人、手机号码和退货地址，签约入驻协议，提交审核。 ③平台审核。平台会在1～3个工作日反馈审核结果。审核通过，则直接进入工作台；审核未通过，则需商家根据错误提示修改入驻信息，重新提交审核，等待结果

其中，企业店和个体工商户店的区别在于两点。

一是个体工商户店的营业执照是个体户类型，而企业店的营业执照是企业类型。

二是个体工商户店的结算方式更多样，可支持对公账户或对私账户，而企业店则必须选择对公账户。

（2）入驻成功后保证金应怎么交存

可以在快手小店“保证金应用”中进行交存，也可以在发布商品时根据页面提示进行交存。保证金金额是平台根据小店经营的商品类目、开通服务、销售额等因素综合计算得出的，保证金交存金额无最高限制，最低交存标准为500元。

（3）添加商品

快手小店开通后，即可根据店铺类型来添加商品。其中，部分经营类目有店铺类型和类目经营证件（行业资质）的要求，如食品类商品，只有个体工商店或企业店铺并提供对应的类目经营许可证/生产许可证才能经营。快手小店添加商品后，即可进行推广、销售、变现。

（4）快手小店销售回款周期

快手小店售卖商品后，在买家确认收货7天后，货款到账；如买家未手动确认收货，则系统会在发货后的第10天自动确认收货，自动确认收货的7天后，货款到账。

3. 团购分销：获得丰厚的返佣奖励

团购分销是指创作者通过短视频或直播的方式宣传团购商品，成为用户和商家之间的沟通桥梁。当用户成功购买创作者宣传的商品后，创作者就能获得一定的返佣奖励。

（1）商家如何开通快分销

商家开通快分销，将商品上传到商品库后，可以为团购商品设置佣金。开通了快分销权限的主播，就可以根据佣金及商品类目来选择商品，加入自己的货架进行推广，商家可以更快卖出商品，而主播则可以得到相应的佣金。

快手的快分销功能对商家资质有一定要求，目前支持的是企业店与个体户店，个人商家开设的个人店还无法开通快分销。如果个人店申请开通，系统会提示升级店铺。

第一，企业店开通快分销。

企业店开通的方法非常简单，如果不涉及特殊类目，快分销的权限是自动开通的。如果要开通特殊类目产品的快分销权限，则需申请，并提交相应的资料进行审核。

第二，个体工商户店开通快分销。

个体工商户店开通快分销需要申请，提交相应的资料进行审核。审核通过之后会接到系统通知。

先有商家开通快分销，创作者才能开通团购分销，选择相应的团购商品，进行分销，获得佣金。

（2）创作者如何加入团购分销

早期，快手的团购分销实行平台邀请制度。目前，快手平台已经逐步放宽了团购分销的申请门槛，粉丝量达到1000的创作者都能自行申请开通团购分销权限。开通团购分销权限后，在“创作者中心”即可看到团购分销平台的入口。

第一，团购分销的权益。

加入团购分销的创作者将能够获得下列权益。

①免费探店。

如果作品符合内容要求，拍摄该作品产生的团购商品费用可报销1次（仅限达人本人），报销商品需与带货作品中挂载的商品一致，同一店铺仅可报销一次，每月上限5次（前5条符合报销要求的作品），每单上限150元。

对于挂载美团小程序商品的作品，仅大于等于5000粉丝的账号可报销精优商品探店的相关费用。

满足报销要求的作品，报销金额在14个工作日内结算至快手钱包。

②高额佣金。

按照团购分销流程挂载视频、直播POI/PLC，当用户成功购买创作者宣传的团购商品后，创作者就能获得丰厚的返佣奖励。

③巨额流量券。

每周（周一至周日）新发布的符合要求的团购带货作品，按照产生的商品交易总额排名（两个城市的团购商品分开计算排名），每个城市中前十名的创作者可获得以下奖励（见表8-4）。

表8-4　前十名奖励

名次	流量券额度/人
第1名	15000元
第2名	12500元
第3名	10000元
第4～6名	7500元
第7～10名	5000元

每周前3条符合内容要求的作品发布24小时后开始进行粉条投放，14天内如未达到保底播放量目标，将在30天内以流量券补偿差值的形式发送至创作者快手账户。同时，根据粉丝量区间的不同，创作者将获得相应的流量奖励（见表8–5）。

表8–5　流量奖励细则

粉丝数量段	奖励额度
1000～1万	5000播放
1万～10万	12500播放
10万～100万	50000播放
100万以上	150000播放

首条符合内容要求的作品达到以下播放量要求后，可根据粉丝段获得相应的流量券（见表8–6），奖励将在2个工作日内发放至创作者快手账户。

表8–6　流量券奖励额度

粉丝数量段	播放量门槛值	流量券额度
1000～1万	800播放	888元
1万～10万	5000播放	2888元
10万～100万	20000播放	12888元
100万以上	80000播放	18888元

④专属运营。

参与团购分销活动即可有机会进入社群，获得一对一答疑解惑及问题指导的权益。

第二，团购分销对作品有何要求？

创作者参与团购分销的作品要满足如下条件。

①符合社区规范。

视频需符合快手平台社区规范，价值观导向积极健康，以展示人与人之间的善意和爱意为主。禁止视频中出现任何指向或有可能指向歧视、骚扰性等非正向价值观倡导的情节与语言。

②画面要求。

短视频画面的要求包括：

视频时长≥20秒。

短视频的画面中需展现商品相关素材（店铺环境、景区风景、酒旅环境等），确保视频中商品相关素材画面出现的时长占视频总时长的60%以上。

发布的原创视频作品须保证画面清晰，不得带有其他平台标识、水印，口播不得带有其他平台的名称。

③口播要求。

视频口播的要求如下：

视频中需出现对店铺名称的口播介绍。

视频中需出现对选品套餐名称和价格的口播介绍。

视频中需出现对选品套餐评价性的口播介绍。

4. 付费精选：付费视频与付费直播

追剧要付费，听歌要付费，看小说也要付费，现在刷短视频也要付费了吗？

没错，在流量红利即将消失殆尽、平台增长速度变慢的局势下，以快手、抖音、视频号为代表的短视频“三巨头”，已经将内容（短视频）付费提上了日程。

快手，算得上是第一个短视频内容付费的平台。早在2020年，快手就开辟了付费精选，里面包含付费直播、付费短视频，以及付费录播课程等内容，覆盖了美食、农业、音乐、舞蹈等多个领域。

目前，快手App内设立了“付费内容广场”（见图8-3）专区，打开路径为快手App—左上角三道杠—“生活娱乐”—“付费内容”。其中，涵盖直播、短剧、电商、房产等细分内容，应有尽有。更广的覆盖面和更垂直的内容，让越来越多的快手用户心甘情愿地付费。

图 8-3 快手“付费内容广场”页面

在娱乐至上的时代，老铁们看短视频大多是为了娱乐，可有趣的短视频哪儿都能看，想让用户掏钱看？难度很高。但知识品类的内容含金量高，这部分内容需要付费，有一部分用户是能够接受的。

目前，快手付费内容有两种：付费视频和付费直播。

（1）付费视频

付费视频是需要付费才可观看的视频。生产者可通过上传每集时长10秒到150分钟的视频，进行流量变现。消费者需付费购买，才可以观看视频。

第一，付费视频的要求。

付费视频需要满足下列条件：

①内容优质、原创。务必符合法律法规、行业监管政策/条例/要求、快手平台协议规则。

②内容封面、图片简介（若含有）务必清晰（推荐分辨率≥300），能简明扼要地表达内容知识点。

③如内容属于教学类，需有明确的讲解（声音或字幕）。

④画质清晰、音质清楚。

⑤定价合理。建议主播根据内容属性、生产成本、粉丝消费能力等因素合理设置价格，若包含赠品，赠品价值不能超过付费内容售卖价格的30%。

第二，付费视频试看功能介绍。

为了吸引付费用户，生产者可将付费视频的第一集设置为试看内容。若内容只有一集，则无法设置试看，试看功能一经开启，暂不支持关闭。

（2）付费直播

付费直播是需要提前付费才可观看的直播。生产者需要预设开播时间，进行预售，然后进行流量变现。消费者需付费购买才可以进入直播间观看。

第一，付费直播的要求。

平台对付费直播的要求如下：

①原创、优质的内容。

②内容封面、图片简介（若含有）务必清晰（推荐分辨率≥300dpi），且能简明扼要地表达内容知识点。

③如果内容属于教学类，需有明确的讲解。

④画质清晰、音质清楚。

⑤定价合理。建议主播根据内容属性、生产成本、粉丝消费能力等因素合理设置价格。

第二，付费直播试看功能。

生产者在设置付费直播时，可提前设置开启或关闭试看功能。若关闭试看功能，则未付费用户无法在付费直播进行时进行试看。若开启试看功能，付费直播将支持未付费用户每集试看5分钟，试看结束后若拒绝购买，则不可再次进入该直播间。

（3）怎么开通付费精选

开通付费精选的入口有三个。

一是通过快手App左上角三道杠—“生活娱乐”—“付费内容”—“成为创作者”，申请即可，加入的条件为：

①公开作品数≥10个。

②粉丝数≥800个。

③完成实名认证。

符合以上条件的创作者申请加入“成为创作者”即可。

二是通过快手App右上角搜索按钮，输入“快手付费内容助手”，再进入快手付费内容账号个人主页面，点击“付费内容”（见图8-4），进

图 8-4　“快手付费内容助手”主页

入付费内容广场，点击页面中央的“成为创作者”，进入申请开通即可。

三是通过快手App右下角“我”—右上角“…”—“创作者中心”—“全部服务”—“付费精选”，进入开通即可。

（4）付费精选的变现方式

付费精选是指用户可以通过支付一定的费用获取优质、独家的精选内容。这些内容有可能是大V、明星或专业机构提供的，也有可能是快手平台运营团队筛选出来的。

通过付费精选，作者如何变现呢？主要有以下几种方式。

第一，平台分成。

快手会和内容提供方签订合同，按照一定比例进行分成。这种方式适用于大V、明星或机构，他们有一定的影响力和资源，快手也可以通过他们吸引更多的用户。

第二，自营变现。

快手会自行运营一些付费精选内容，比如与知名媒体、专业机构合作推出的内容。这种方式可以使快手在内容上更有话语权和掌控力，同时也可以吸引更多的用户和流量。

第三，广告变现。

付费精选的页面上会出现一些广告，比如与内容相关的品牌广告等。这种方式可以增加平台的广告收入，同时也可以提高品牌的影响力。

快手付费精选不仅可以为用户提供更优质的内容体验，而且为平台和内容提供方带来了商业变现的机会。

5. 直播变现：直播打赏与直播带货

直播变现主要包括直播打赏和直播带货两种途径。

（1）直播打赏

直播打赏是指主播在直播间通过展现自己的才艺或知识来获得观众们的喜爱，观众通过赠予虚拟礼物来表达喜爱。

第一，如何开通直播权限?

目前，快手平台规定成年人即可开通直播权限，无其他门槛。若已完成实名认证，页面可直接进行直播。若未进行实名认证，页面会提醒进行实名操作即可。

第二，如何查看直播收礼记录?

直播间收到的礼物会自动变为黄钻，打开快手App，依次点击右下角“我”—右上角“…”—“我的钱包”—“我的黄钻”，可查看最近6个月的黄钻记录（包括收礼记录）。

第三，直播礼物如何分成?

主播身份不同、礼物不同，分成比例也不一样。

①普通主播。

普通主播的礼物分成如下：收到普通礼物，与快手平台的分成比例是5∶5。

收到特殊礼物（如人气卡、传送门等），因为有20%用于帮主播购买直播推广，平台和主播的分成比例是4∶4。在“黄钻记录”页面可以找到对应的收礼记录查看明细，点击右侧的“分成说明”，即可查看详细的分成比例介绍。

②签约主播。

如果主播已与MCN或公会签约，具体分成比例请咨询对应的MCN或公会。

第四，礼物如何提现？

礼物提现方式有两种。

①App提现。

可以在“我的钱包”页面，点击黄钻数量右侧的“去提现”按钮，可直接提现至绑定的支付宝或微信账户。

②微信公众号提现。

在微信内搜索并关注“快手”“快手派”“快手科技”公众号，打开公众号，依次点击下方“快手助手—黄钻提取”“快手服务—黄钻提取”“充值提现—黄钻提取”，按照页面提示完成操作即可提现。若使用的是苹果手机，则不支持在公众号“快手科技”内进行提现。

目前，黄钻仅支持提现到微信零钱或支付宝余额中，不支持直接提现到银行卡。

黄钻提现的最低限额为20元，即满4万黄钻后才能提现，正常到账时间为30分钟。如果页面提示需要上传身份信息或人脸识别，请配合完成验证，之后即可继续提现。

（2）直播带货

在直播电商领域，快手同淘宝、抖音位于第一梯队，呈三分天下之势。

同抖音的推荐机制不同的是，快手平台是基于社交+兴趣进行内容推荐，采用去中心化的“市场经济”模式，其普惠式的流量分发机制不易制造爆款，但能够造就独特的老铁关系。

快手的粉丝黏性比较高，主播带货能力较强。快手大数据研究院发布的《2019快手内容报告》显示：快手用户男、女比例为51∶49；35岁以下用户占比约为66%，二、三、四线以下城市用户占比达84%；东北、山东、河南、河北、广东用户最多；主要的购物群体为三、四线城市的女性用户，相对于抖音的用户群，其购买能力较低；热销产品价格在100元以内，以美妆洗护、服装、日化、零食等低客单价、刚需产品为主。

在快手平台的各类直播中，美妆类产品的“吸金”能力最强。相关数据显示，包括护肤、美妆、美发在内的美妆直播中，主播数量和总评论数是所有直播中最多的，且总收礼金额也是最多的。例如，在直播里卖高端美妆个护产品的快手主播韩承浩（见图8-5），在粉丝体量只有50多万的时候，一晚带货的金额就能高达1000万元，带货变现能力惊人。

直播带货已成为快手主播变现的一个最关键的渠道。

图 8-5 “韩承浩”快手账号主页

第一，直播带货怎么挂小黄车？

开启直播带货功能，首先要开通快手小店，其次要将商品挂小黄车。其步骤如下。

①开启直播卖货开关。

打开快手App，在直播页面点击“赚钱”，然后打开直播卖货右侧的开关。如果还没有直播卖货的权限，请按照页面提示申请权限。

②管理商品。

开启直播卖货开关后，点击下方“进入商品列表”，在售卖商品管理页中找到小店中的商品，勾选后确定即可。每场直播最多可以挂100个商品。

商品加挂小黄车后，只要做好准备，主播就可以随时开启直播带货之旅了。

第二，卖出的商品货款什么时候结算？

在无售后纠纷维权的情况下，对于自己上传的快手商品，通常是在订单已经“确认收货”（订单显示状态为交易成功）后的7天后自动结算（包括买家手动确认和系统自动确认收货）。

以下四种情况将会影响货款结算的时间。

①确认收货后7天内发生维权。若售后纠纷维权在确认收货后的7天内结束，则不影响原本的结算时间，否则货款会在售后纠纷维权完结后再结算到账。

②保证金不足。需要在补缴保证金后的第二天才能查看货款结算。

③推广第三方商品。推广第三方商品的货款结算周期，建议联系对应平台咨询确认。

④退货补运费服务欠费。当退货补运费服务的账户余额显示“余额不足，请及时充值”时，可按照页面提示，补足后第二天再次关注。

第九章

直播带货：快手账号的最佳盈利模式

直播带货是快手账号离变现最近的通道，也是最佳的变现渠道。

随着短视频平台直播带货赛道越来越火爆，竞争越来越激烈，直播带货拼得更多的是团队能力和供应链能力，直播带货最讲究“人（主播、团队）、货（产品）、场（直播场景）”，任何一环都不允许出现短板。

1. 团队配置：直播团队搭建与人员分工

开通直播带货权限后，从理论上讲即可开启直播带货之旅，但实际上还有很多准备工作要做，在准备不充分的前提下贸然开播带货，则极有可能会出师不利。

直播带货的准备工作有很多，其中首要的是直播团队的配置。一场直播，活跃在直播间光环下的往往是主播，但一场效果理想的直播仅靠主播一人是无法完成的。

一般来说，最简单的直播团队至少需要两人：主播和运营。主播负责吆喝卖货，运营负责运维、控场、改价、小黄车上架下架和售后等工作。一些大型直播间的工作人员则能达到十几人、几十人之多，而在直播间之外的后勤保障人员数量可能更多。

李佳琦的美ONE公司有一支超200人的团队，负责李佳琦直播的所有幕后工作；快手主播辛巴（见图9-1）旗下的辛选团队更为庞大，目前，辛选集团员工数量已在4000人以上，其中仅选品品控团队成员就占了35%左右，有1400多人。

图 9-1 “辛有志 辛巴”直播间

随着短视频平台直播带货赛道越来越火爆，竞争越来越激烈，直播间拼得更多的是团队能力和供应链能力，一个完整高效、配合默契的直播团队尤为重要。

直播带货最讲究“人、货、场”，其中“人”不单单是指镜头前面的主播，更是指镜头背后的整个直播团队。一个完整的直播团队人员配置通常包括以下岗位（见表9–1）。

表9–1　直播团队岗位配置

岗位	岗位描述及职责
主播	主播相当于主持人，是直播间的核心人物。主播的职责主要有： ①负责通过直播向粉丝提供产品信息并引导粉丝购买，在直播期间调动粉丝的情绪，确保直播间的热度。 ②在开播前主播要把整场直播的节奏、产品特性、脚本、利益点等做到最大限度的熟悉，只有这样在开播之后对产品的介绍才能达到相对流畅的水平，个人转化能力才能提升。 ③在直播进行的过程中，主播需要注意活跃直播间的气氛，做好粉丝的答疑、和粉丝之间的互动，做好活动介绍及测品（试穿）、引导新粉的关注，时刻注意自己在镜头前的表现。 ④主播还需要掌握一定的销售技巧，要敢于逼单、善于逼单
副播	副播也称助理主播，主要是辅助主播直播。副播可以是商家（品牌方）老板。常见的某某专场，一般会邀请商家的负责人过来直播间进行配合，讲解一些产品的专业知识，和主播一起直播。副播的职责主要有： ①辅助主播，随时关注直播间的各种情况，对主播遗漏的商品卖点和事项及时进行提醒或补充。当主播不知道讲什么而冷场的时候，帮腔搭话、制造氛围。 ②当主播起身离开换装、休息时，要及时出现在镜头前，临时扮演起主播角色，维持直播间的活跃度，推动直播活动正常进行。 ③配合主播带动直播间气氛，介绍商品促销活动，引导访客关注。 ④了解商品销售数据，提醒主播，并进行必要的画外音互动
助理	负责处理直播间内的各种琐事，比如传递接下来售卖的商品、准备直播过程需要的道具、优惠卡片、手稿、给主播提示等。多数时候扮演的是副播的角色，小的直播间一般则不需要助理
化妆师	大型直播间通常要配备专职化妆师，配合主播工作，按照直播间需求，为主播或其他直播间工作人员提供化妆服务

续表

岗位	岗位描述及职责
场控	即直播间现场控制的意思，主要辅助主播监控直播间的言论，处理突发情况，扮演的是直播间的管理员身份，其主要职责有： ①在主播直播期间，积极调动直播间氛围，带动粉丝的积极性，以配合主播的节奏，引导粉丝参与话题讨论，引导的话题需要是积极的、正向的，有助于商品销售，要随时防止舆情失控，防止直播“翻车”。 ②实时监控直播间发言，及时发现不和谐的声音和对主播、商品的不良言论，及时予以制止，避免不良影响进一步蔓延。 ③在直播现场配合主播进行商品上链接、商品改价、库存核对、活动优惠设置、小店后台设置等工作。 ④进行直播复盘，及时发现直播中存在的问题，并予以改进，优化直播流程，丰富直播内容
商务	如果是达人端，商务主要负责对接供应链、联系商家合作，根据选品团队挑选出来的类目、产品，想办法拿到优质且高佣金的商品。比如，跟进样品和赠品的进度、优惠形式、优惠链接、商品库存等具体事务。同时把控产品质量（杜绝假货伪劣产品），建立起优质的供应链。 如果是大主播，会有不少商家主动找上门合作，有更大的议价能力，只需要负责筛品、把控质量。 如果是小主播，则需要想办法多渠道联系商家，宣传自己的团队、直播案例（数据），建立品牌合作。 如果是商家端（供应链），商务主要负责对接达人，推进直播的各种事项。如果你是大品牌，商品有知名度且品控很好，只需要把商品加入精选联盟，设置一定的佣金比例，就会有很多人愿意主动帮你带货
运营	直播运营的角色非常重要，相当于导演的角色，做的是统筹型的工作，可以说是直播间的负责人。主要职责有： ①负责整场直播的运营，包括直播玩法设计（活动策划、利益点、营销点、秒杀等）。 ②负责产品的组合销售、直播商品排款、直播的流程与脚本、主播的问题调整、直播场控等工作。 ③负责广告投放的相关工作。 ④下播之后做直播复盘等
选品	主要负责产品筛选，比如什么产品好卖，容易爆单，全网商品调研、比价，完成产品信息采集。帮助主播把关商品质量、预判热度，选出能够打动消费者的产品。这个岗位需要很强的专业知识，类似于传统行业的采购岗
导播	主要负责直播前直播间的设备调试，需要熟悉直播流程、摄像机和灯光的布局，以及现场各机位的调度，在直播的过程中保证视频信号的画面，监控播出设备的状态，直播产生突发状况时组织应急，确保安全播出

续表

岗位	岗位描述及职责
客服	主要负责直播过程中的线上商品咨询、售后服务工作。其主要职责有： ①了解商品信息，熟悉客户需求，掌握一定的沟通技巧和客服知识，能够向客户详细介绍商品的优点和卖点。 ②及时、高效、热情、耐心地回答买家提出的各种问题，不可拒答，不可有抵触情绪。 ③及时准确地备注商品，第一时间反馈给打单发货人员，防止货品错发、漏发。 ④积极跟进售后问题，对订单发货情况、物流情况进行追踪，并做好统计。 ⑤高效妥善地处理各种售后问题，包括退换货及客户的投诉等。 ⑥进行定期、不定期的客户回访活动，维持良好的客户关系

不同规模的直播间可根据需要，酌情增减团队成员配置。不同的主播、不同规模的直播间、不同的直播玩法，对团队成员配置的要求也不一样。

2. 选品策略：依据账号定位及粉丝画像

带货能否成功，选品是关键。选品不当，直播间成交额很难做起来，即使直播间人气很高，也可能出现低转化甚至零转化的情况；相反，如果选对了产品，即使是一些零基础起播的新手直播间，也能销量爆棚。

（1）选品的基本维度

选品的基本维度包括以下几个。

第一，平台维度。

选品首先要符合平台的调性，了解哪类产品更受欢迎、更好卖，快手直播电商值得关注的产品消费现状和趋势包括以下几个。

①在快手平台直播电商热门产品中，服装、美妆个护（以个护为主）占比最多。此外，珠宝玉石、家电、食品、家纺、母婴儿童类产品，也在快速起量。

②快手直播间销量最高的商品是30～50元的产品，毕竟低价商品更容易激活用户的购物冲动。

③从产品品牌来看，快手直播电商呈现两极趋势。一极为口碑好、性价比高的白牌，目前仍是主流。其中，最典型的畅销白牌商品集中于食品饮料、家居日用、美妆、服装等行业。另一极则是随着品牌方加速入驻，包括阿迪达斯、雪中飞、森马等品牌都在快手开启了多个专场，快手上的品牌商家越来越多，品类也越来越丰富。

第二，账号维度。

账号维度即主播账号的内容垂直度。如果主播是内容垂直达人，可以先做与账号定位相关的垂直领域产品，熟练之后再去拓展其他类目产品。

如果主播是非专业领域的泛娱乐达人，可以先选择达人擅长或喜欢的类目来匹配直播间的推荐产品。如果主播是无明显电商属性的达人，可依照粉丝画像选品。如果女粉多，可以选择美妆、服饰、居家用品、美食等。

第三，产品维度。

产品是基础。产品的考察维度主要有品牌、价格、成分、功能、颜值、包装、供应链等要素，要综合以上要素选择契合自己直播间的产品。

如果给第三方店铺带货，则要综合考察店铺的综合评分、装修美观度、发货时效、店铺服务质量、售后评价等。

从产品维度出发，选品要尽可能选刚需产品、当季产品、利润大的产品、复购率高的产品、爆款产品和热门产品。

第四，市场维度。

产品要想适销对路，必须做好市场调研和消费者研究。

首先，要根据用户需求确定选品的细节。直播间选品要以粉丝画像、粉丝需求为导向。

透过粉丝画像找到与之高度契合的商品，要弄明白——

你的产品打算卖给谁?

买你产品的人有什么特点?

你的产品能解决哪些人的痛点?

需要你所卖产品的人在哪里?

你的目标客户经济实力和购买力如何?

你能通过什么方式吸引他们?

通过分析粉丝画像，了解粉丝是什么样的群体，在回答以上问题的同时，还原粉丝的购买需要和消费心理，才能精准地为粉丝提供他们需要的产品。

其次，要进行市场调研。市场调研的方法有很多，主要有和同行业的人面谈、做群体调研问卷、网络调查等。网络调查，可以去淘宝、京东等电商平台寻找同类产品，浏览价格、成交量、评价等信息，进行综合分析、评估。

最后，要查看市场数据。直播团队常用的专业数据平台有新抖数据、飞瓜数据等。直播团队在选品环节，要注意查看的数据是具体商品的直播转化率，即了解商品销量和商品关联直播访问量的对比。这个数据能够帮助直播团队判断目标商品的市场需求有多大。

第五，利润维度。

在直播间，产品销量是基础，利润是根本，如果没有足够的利润支撑，直播带货将难以为继。在当今高流量成本、高运营成本的直播电商市场环境下，进入直播间的产品必须是高毛利的产品，要有合理的利润空间。

因此，选品时要进行三维分析——不仅卖得好、销售时间长，还得有利润。

首先，要找出销售数据中卖得好的产品（一维分析）。

其次，要确保它们在未来一段时间内也会持续畅销，所以要考虑库存因素（二维分析）。

最后，产品仅销量高还不够，能盈利才是最重要的，所以还要结合利润率来评估产品（三维分析）。

第六，供应维度。

选品时还要充分考虑供应链（工厂、批发市场）因素，要确保产品缺货后能够及时补充，出现新款产品后，能够及时生产、及时上新。

服饰类产品需要充分考虑产品的上新和更新周期，包括产品款式的更新、换季的产品更新都需要考虑到。

另外，选品要注意品类的更新与升级。任何一款商品，都是有生命周期的。尤其是服饰类产品，生命周期更短。在直播间，今天的爆款商品，明天或许就会被市场淘汰；今天发现的新品，明天或许就会被其他直播间跟风销售。对直播团队来说，爆款商品被淘汰、被跟风销售是无法避免的。因此，直播团队在获得用户支持之后，要及时地进行品类更新与升级。

（2）选品的质检环节

如何确保产品质量？需要强化选品过程中的产品质检工作，配置专业的质检人员，完善质检流程。例如，进入李佳琦直播间的产品，要经过如下流程。

第一，招商初筛。

由招商团队从品牌背书、店铺资质、商品基本卖点、价格等维度对产品进行预筛选。

第二，选品会。

由专业评审和大众评审在选品会上对产品的功能、功效形态、使用特点、试用感受等方面进行综合评判。

第三，终选会。

由李佳琦亲自坐镇，所有商品都会亲自过一遍，一锤定音。

第四，最终质检。

产品通过选品流程后，专业的质检团队会安排一轮紧锣密鼓的商品质检，主要包括：审核产品是否合规合法、品牌资质是否齐全；监测品牌和产品的舆情口碑；判断直播卖点话术的合规性，是否有夸张宣传的情况。

对于没有合作过的品牌，质检人员还会与专家一起前往品牌方的生产工厂，进行实地考察，查看工厂的相关资质和生产情况。

辛巴团队的选品流程也非常严谨，其团队每周会有三四次选品会，每次从中午12点开始，经常持续到凌晨两三点。选品要经过三轮：

第一轮选品，初步筛选，判断亮点、卖点、与用户需求的匹配度。

第二轮选品，他会去做同类对比，在价格上掺杂“水分”的供应商，就会出局。

第三轮选品的时候，辛巴会仔细核对每个产品的材质、成分等，再核对价格。

几轮下来，大部分供应商的产品都会被筛选下去。

3. 直播筹备：脚本设计与直播硬件准备

早期的直播带货，主播一人凭借一台手机就可以完成。但随着直播电商的全面发展，不仅直播团队规模越来越大、团队岗位越来越多，直播间也越来越豪华，所需准备的工作也越来越烦琐。

每次直播都是一场精心准备的表演，需要精心做好准备工作，准备好脚本，布置好直播间，直播团队需要做好直播排品工作，主播和副播也需要熟悉产品，做好相应的准备工作。

（1）准备直播脚本

简单来讲，直播脚本可以理解为直播带货的剧本。脚本中要梳理直播的段子、表演顺序、产品的介入时机、产品的价格、优惠措施、产品的特点与亮点，以及针对互动问题的回答。

直播脚本分为两大类，一类是单品脚本，另一类是整场脚本。

第一，单品脚本。

单品脚本，即直播间单个待销产品的脚本。单品脚本通常包括商品的基本特征、出品方、卖点和利益点、优惠折扣方式等。

单品脚本要让主播能够在短时间内简单直接地向直播间用户描述清楚产品的基本情况和卖点，说服消费者下单购买。

单品脚本建议以表格的形式呈现，这样能把产品的卖点和利益点非常清晰地体现出来（见表9-2）。

表9–2　单品脚本

产品介绍	品牌、型号、成分、功效等
利益点	折扣价、最低价、买一送一、买二发三、包邮
引导转化	限时限量
	对自己好一些
直播间的关注点	关注主播、关注店铺
	分享直播间
	点赞
	下单

第二，整场脚本。

整场脚本贯穿直播带货活动的全流程，是直播活动的一个总体规划和安排。其内容主要包括以下几个方面。

①开场互动。

直播开启后，主播首先要同直播间的粉丝打招呼，进行初步的互动，需要借助开场互动脚本。

②货品介绍。

对直播间货品的情况进行一个大致的介绍，如产品类型、数量、优惠措施等，吸引粉丝持续观看直播。

③单品介绍。

逐个介绍商品，描述商品的卖点和特色，爆品和特色商品要穿插在各个商品之间，重量级的商品介绍往往放在最后。

④激励环节。

通过抽奖、赠品、红包等福利方式回馈直播间的粉丝。

⑤直播预告。

在直播即将结束时，给出下场直播的预告信息。

以一场时长为4小时的直播带货为例，整场脚本流程应涵盖如下内容（见表9–3）。

表9-3 直播流程

时间节点	直播内容
开播第一分钟	迅速进入直播状态，主播同粉丝打招呼，签到环节
第2～5分钟	主播边互动，边着重介绍本场直播的几个爆款产品，建议粉丝签到打卡参与抽奖
第6～10分钟	简要介绍本场直播的新款产品和主推款
第11～30分钟	将所有进入直播间的产品简要过一遍，除了重点爆款可以稍做重点推荐外，其他产品不做过多停留。该过程要严格按照脚本走，主播不要看粉丝留言，也不要跟着粉丝的节奏走
开播半小时后	正式逐个介绍产品，每个产品大致进行5分钟，适当地根据粉丝的呼声和需求来进行重点讲解
直播中	根据直播间的在线人数和商品的转化销售数据，引导主播进行重点演绎的调整
最后半小时	对最受欢迎的产品进行返场讲解，对热门产品进行清零
最后五分钟	主播透露下场直播的主打产品，助理主播可穿插回答粉丝问题
最后一分钟	提醒直播间的粉丝关注主播，预告下场直播的详细时间及粉丝福利等信息

直播脚本不是一成不变的，它需要经过不断的实战演练，以及不断的复盘分析，进行持续的优化调整，才能让主播越来越得心应手。

（2）布置直播间

布置直播间主要是指准备直播场地、布置直播设备、设计灯光等工作。

第一，准备直播场地。

直播场地，是直播活动最底层的必不可少的基础设施，最好选择一个宽敞明亮、安静无杂音、有浅色背景墙的场所作为直播间，以确保观众看到的镜头是清晰的，且不受杂音干扰。

如果是品牌产品或专场产品直播，通常还需要在直播间制作专门的背景墙，以突出主题，强化品牌，让进入直播间的观众对产品的信息一目了然。

第二，布置灯光。

根据前期准备的相应灯光设施，将之合理布置在直播间各处，以确保直播间的照明、采光，将直播间和主播以最佳状态呈现在观众面前。有条件的主播团队，可以请专业灯光师进行灯光布置的指导，以达到最佳的灯光效果。

第三，布置机位。

机位即直播手机的摆放位置，既要考虑方便主播工作，能够舒适、方便地看到手机屏幕上的留言，以确保及时地和粉丝互动，同时也要考虑观众的观看需求，不要让观众产生距离感，不要太远。另外，还要结合直播间的出镜人数来设置机位，建议直播间同时出镜人数不宜超过3人，以2人为最佳，否则会显得拥挤，影响观看效果。

第四，布置背景墙。

不同类型的带货主播，直播间的背景风格是不一样的。

服饰产品直播可以将直播间布置成服装店、批发档口、工厂仓库的样子，摆上几排挂满衣服的衣架，主播站在镜头前面直播。

也可以直接放置一块背景板屏幕，根据带货产品的不同，随时切换画面，就像罗永浩直播间一样。

第五，准备背景音乐。

背景音乐是直播间必不可少的元素，要提前准备好一些适合直播间各种情景播放的背景音乐，比如唱歌时的伴奏、鼓掌/欢呼等音效包、跟人PK时紧张刺激的背景音乐、 跟大家放松聊天时的背景音乐等。主播团队应了解当下的流行音乐和歌曲，提前准备好背景音乐素材库。

（3）主播准备

主播是整场直播的焦点和直播间的核心，需要做大量的准备工作。

第一，熟悉脚本。

主播在直播前要熟悉直播脚本，要对每一个环节干什么做到心中有数，这样主播在直播的时候才能按脚本有条不紊地推进，才能言之有物，避免冷场。同时直播团队的其他成员如副播、助理、场控等也应熟悉直播脚本，尤其是涉及本人职责的部分。

第二，熟悉产品。

带货主播包括主播团队，在开播前最重要的工作就是了解产品信息，进行产品试用，这样在正式直播的时候才能做到有理有据地展示所有的产品卖点，增加信任度。有很多带货“翻车”的主播都是因为没有提前做好产品功课，导致品牌方、平台方、主播、观众四方受损，从而得不偿失。

第三，主播化妆。

在开播前的1小时，主播根据设定的人设开始化妆，化好后看看摄像头里自己的效果再补妆。主播的造型和妆容要多样化，以提升直播间的观感。

第四，确定团队分工。

确定好直播团队人员人数及分工，包括主播、副播、助理、场控、中控、客服、运营等，每个人负责哪一个部分，提前做好安排与准备工作。

（4）直播排品

进入直播间的产品可以分为三类。

①引流款。

顾名思义，主要用途是为直播间引流，也常称为福利款或宠粉款。

②爆款。

销量担当，也称为跑量款，主要是为直播间冲业绩。

③利润款。

以营利为目的。利润款产品一般品质较高，或者产品在卖点上有自己的独特之处，且用户对这类产品的价格敏感度不高。

排品，即直播间待售产品的上架销售顺序安排。排品的基本策略为：首先上福利款，然后是爆款（承接款），接着是利润款。

具体操作如下：直播前15分钟，可以先上2款低价福利款，吸引人气，待流量上升后，中间用爆款去承接流量、稳定流量，最后直播间进一步稳定时，可以上利润款。

如果直播间的产品比较多，可以按“低—中—高［福利款—爆款（承接款）—利润款］”的顺序进行循环。

4. 带货实战：直播间互动及转化的技巧

直播带货的过程并不仅仅是“动动嘴皮子”那么简单，而是对直播团队体力与意志力的双重考验，尤其考验主播的产品介绍能力、临场发挥能力、情绪感染能力等综合能力。除去场景布置、灯光设置等外界因素及本身具备的价格优势外，在整个直播带货的实战过程中，要把控好以下关键环节。

（1）巧妙开场

直播活动开启后，主播要用极简语言，简明扼要地做一下自我介绍，介绍要包含以下四个方面的信息：

第一，我是谁？

第二，我要干什么？（什么主题的直播活动？直播间的商品有哪些？有什么特色？）

第三，直播间有什么优惠、福利？粉丝能得到什么好处？

第四，销售引导与参与指令。

按照以上的自我介绍逻辑，可以这样开场：

“欢迎新进来的姐妹们，我是一名××主播，深耕××行业十余年了，有丰富的资源和专业度，所有的产品我都会自己试用过关后再推荐给大家，请大家放心。（我是谁）

“今天直播给大家准备了十几个福利款产品。（要干什么）

“来，第一个直接看这款××啊，我拿货价是30多元，今天你给我邮费，我直接发货好不好？（给什么福利）

“我们小心心点到5万的话，我们上这款产品好不好？（活动指令）

“这款产品的性价比非常高，外面89元、99元一盒的产品都比不上这

一款，现在你只需要出邮费钱。（强调福利）

“有没有支持我们家活动的宝宝，‘支持’两个字打出来好不好？支持都没有亮灯牌吗？来小助理教一下怎么亮灯牌！”（活动指令和引导）

这就是一个比较直接且目标非常明确的直播带货开场话术。

直播间由于不断有新的观众进入，因此主播要酌情不断地重复开场白，重复时要尽可能精简，尽量压缩至30秒以内，以快节奏的语速告知新观众本场直播的主题和优惠。

（2）积极互动

成功的开场将直播导入正规之后，主播需要不断地同直播间的粉丝进行互动，互动越频繁，人气越高；人气越高，推荐越多。互动性越强，粉丝停留时间越长，粉丝停留时间越长；成交机会越多。

直播间的互动可以分为两种。

第一，同产品相关内容的互动。

比如粉丝关心的产品的颜色、尺码、适合人群、发货时间等。此类互动，需要主播做到耐心+细心。因为进入直播间的人群是随机的，有人进有人出，主播可能回答了前面粉丝的问题，但后面进来的粉丝对同样的问题仍然不清楚，所以好的主播需要保持良好的耐心，不但要不厌其烦地为粉丝解答同样的问题，还要持续保持热情。

第二，带动氛围的互动。

比如，“喜欢的在屏幕上扣1”，这样粉丝评论就刷起来了，让人感觉直播间的气氛很火爆。

直播间常见的互动话术有：

①“喜欢这款产品的宝宝请扣1，让我看到你们的热情，热情越高我给的秒杀价越低！”

②“想看×号产品的刷1，想看××号产品的刷2。”

③“喜欢左手这一套衣服的刷1，右手这一套的刷2。”

④“××的粉丝在不在？在的评论区刷6！”

⑤“感谢××哥送的100个掌声，还没停吗？150个了，200个了，哇，炫迈牌的掌声完全停不下来！非常感谢。”

⑥“宝宝们，如果你们想要这款产品，把‘新粉’两个字打在公屏上面，没加入粉丝团的宝宝们没有参与的资格哦。”

⑦“宝宝们，你们想不想要这款产品，想要这款产品的话，把‘想要’两个字打在公屏上面啊，我们现在开始计算有几个宝宝想要，我们就给到大家几个产品名额。”

（3）控制节奏

直播节奏由场控负责。场控在直播中的职责和繁忙程度不亚于主播，要通过各种方式来调节、掌控直播节奏。要做好场控工作，场控人员需要在直播前确认好直播流程，如什么时候抽奖、什么时候开款等，可提前准备一张小纸条，或准备好电脑来做提示。

场控还需要了解直播间的产品，不仅要熟悉推广产品的成分、参数、功效等文字介绍，更要懂得实际操作，关键时刻可以同主播实现互补，避免出现冷场。

场控在直播间要处于一种隐身、半隐身的状态，既要发挥自己的控场作用，也尽量不要浮出水面，更不要喧宾夺主，盖过主播和粉丝的风头。切忌盲目站队、盲目跟风，一定要突出主播和粉丝，不抢话题，即使提醒主播参与同粉丝的互动也一样。

场控不仅要突出主播，还要做好粉丝的陪伴工作，在气氛调节中突出粉丝存在，陪伴粉丝互动。对于高质量的优质粉丝团，要做到进场欢迎，离场欢送，提醒主播，及时互动，并且适时地给粉丝送一些热场礼物，要衬托粉丝、弱化自己的存在感，包括弱化自己在房间的存在感以及在榜单的存在感。

（4）催单促单

直播带货，主播及团队成员在直播间所做的一切工作、一切活动，最终都只有一个目的——转化下单。

因此，等直播间情绪、氛围烘托到一定程度时，主播就要善于踢出临门一脚，巧妙地进行催单促单，让成交转化。

第一，催单的两大关键点。

主播催单促单，要把控好两个关键点。

首先，吊足粉丝胃口，找准时机宣布价格，让他们觉得“物超所值”。

其次，强调促销政策，包括限时折扣、现金返还、随机免单、抽奖免单等，让粉丝热情达到高潮，催促用户集中下单。

第二，用限时限量秒杀促单。

主播要善于通过限时限量秒杀活动来制造商品的稀缺性，越是稀缺的东西，人们往往越是趋之若鹜。要让直播间的粉丝明白，如果不抓紧时间下单购买，特价促销的产品很快就会断货、下架，就会错过，从而遭受损失。

话术参考如下：

①“我接下来要介绍的产品，大家要拼手速抢了。这款产品的优惠力度超级大，品牌方只准备了100套在直播间销售，并且每人限购一套。谁的手速够快，谁就能抢到。这款产品的优惠是……”

②“数量有限，如果你看中了，一定要及时下单哦，马上就要卖完了哦！”

③“先付先得，最后1分钟！想要的宝宝不要犹豫了，活动马上结束了！”

④主播：“（问助手）咱们1号链接的产品还有多少件？”

助手：“就还剩10件了！”（声音要急促、要大）

主播：“就剩下最后10件了，要下单的朋友们抓紧喽！”

第三，常用催单促单话术。

抛出限时限量抢购活动后，主播还应充分发挥话术优势，不断强调产品的性价比优势和不断强调所剩数量不多，刺激观众，发出购买行动指令，激发他们的下单欲望。类似的催单话术主要有：

①“需要的朋友们抓紧时间下单了，现在不下单，以后就再也买不到这么便宜的货了，这款产品就销售这一场，现在不买就只能等明年了！”

②“这一款产品真的数量有限了，只剩最后××件了，都是品牌下属工厂直发，卖完就下架！”

③“不用再想了，需要的直接拍，现在是拼手速的时刻，手慢真的抢不到了！”

④“今天的秒杀数量非常有限，仅限50件，往后价格只会越来越高！”

⑤“这个价格，这种质量，只有在这个直播间才可以享受到，因为产量有限！”

⑥“数量有限，如果你看中了一定要及时下单哦，马上就要卖完了！”

⑦“直播间的朋友们，先付先得，请下单的朋友尽快付款，最后2分钟！最后2分钟了！”

（5）下播有技巧

直播即将结束，顺利达成直播间的销售目标后，主播要准备一些下播话术，感谢粉丝陪伴，同时对下期直播进行预告。话术模板如下：

①“感谢××××位在线粉丝陪我到下播，更感谢从开播一直陪我到下播的粉丝×××、×××（榜单上的，点名就行），陪伴是最长情的告白，你们的爱意我记在心里了。”

②“我马上就要下播了，希望大家睡个好觉、做个好梦，明天新的一天好好工作，我们下次见，喜欢看我直播的朋友记得点关注哦。”

③“主播还有5分钟就下播了，非常感谢大家的陪伴，今天和大家度过了非常愉快的时光，主播最后给大家抽个奖好不好？大家记得关注我，下次开播就会收到自动提醒信息，我也会想念大家的哦。”

5. 售后运维：兑现承诺，做好售后服务

成交并不意味着销售的结束，从传统销售观点看来，“成交之后才是销售的开始”，因为成交后还有一系列的售后工作需要去完成。

随着直播带货这一新兴销售模式迅速发展，相应的问题也随之而来：售卖过程中的虚假宣传问题、直播带货中的产品质量问题、售后投诉问题等逐渐增多，消费者的合法权益受到了挑战。

南都民调中心消费舆情与公众生活研究课题组曾汇总了2020年3月1日至2021年2月28日共计1371条针对直播带货平台的投诉，并对此展开了数据分析。数据分析结果显示：直播带货的投诉主要集中在商品售后、商品质量、虚假/误导宣传及客服态度等四个方面。在1371条投诉中，商品售后方面的问题最多，有782条，占比达57.04%；有36.40%的投诉者反馈自己在直播间购买的商品质量有问题；31.29%的投诉者反馈自己遭遇虚假/误导宣传；10.50%的投诉者则表示自己遇到的客服态度欠佳。

遇到上述的售后服务问题，作为一个负责任的主播，应当如何解决呢?

(1)根据带货模式界定售后责任

在传统销售模式下，销售主体比较明确，售后服务的提供方也比较清晰明了。但在直播带货销售模式下，参与主体多元、责任划分不清成为售后服务责任履行的最大障碍。直播带货出现售后纠纷后，商家、主播、平台、运营方往往会相互推诿，抬高了消费者的维权成本，售后服务难以保障成为直播带货的最大痛点。

因此，界定直播带货参与主体各方的售后服务责任就成了当务之急。

从直播方来看，直播带货主要有两种模式。

第一，类销售公司。

一种与线下零售、电商并行的新型卖货服务，为企业提供售前、售中、售后服务。比如，自己组织货源、发货并提供售后服务的直播团队，包括大多数店播团队（线下实体美妆店、线上网店），他们都是亲自提供货源并负责售后服务的。

第二，类广告公司。

直播仅仅为产品代言，不对企业（商家）销售负责。

从与品牌商的合作方式来看，当前的绝大多数带货主播、带货公司都属于类广告公司，只负责将产品推销出去，而不负责售后服务。

那么，对于售后问题，品牌商、带货主播（公司），究竟应由谁来承担责任呢?

中国政法大学知识产权研究中心特约研究员赵占领的观点是：

①主播为自己经营的产品宣传。在这种情况下，责任很明显，主播的角色就是产品销售者，如果宣传内容虚假，则其涉嫌构成欺诈，需要承担假一赔三的法律责任。

②主播为其他商家的产品做宣传。在这种情况下，主播的角色其实是广告经营者及广告发布者，因此需要对商家的广告真实性、合法性尽到审查义务，否则就要对此承担连带责任。

因此，从带货方（主播、带货公司）的角度来看，在提供售后服务上，存在着一定的障碍点和难点，尤其是类广告公司的带货模式，因为主播和带货公司只负责带货，而产品配送及售后服务均由品牌方提供，这就需要双方做好衔接，充分安排好售后服务问题。

从法律角度来看，在类广告公司模式下，商家和主播的关系会被认定为广告主与广告发布者的关系。此时出现纠纷，该主播是否需要承担相应的责任，需要根据实际情况，结合《中华人民共和国广告法》的相关内容进行分析确定。

（2）完善售后服务

成功的售后服务工作，需做好以下几点。

第一，低调承诺，超额兑现。

要建立信誉度，不要做出不能兑现的承诺。

第二，关注小事情。

要养成快速回复消费者疑问，以及第一时间做出其他售后回应的习惯。跟进，跟进，再跟进。

第三，与忠实粉丝保持联系，并做好记录。

花些时间来记录粉丝消费和售后沟通的相关内容，这对于直播复盘和提升运营服务水准、提升粉丝满意度、维系忠实粉丝对主播的支持有很大帮助。

第四，建立一个反馈系统。

了解粉丝是如何评价直播方提供跟进服务的质量和数量的。跟进服务不是由直播方预先设定和想象的，而是取决于粉丝是如何感知、如何评估它的价值的。对于跟进服务而言，粉丝的感知说了算。

对于售后服务中的具体问题，则应做到以下几个方面。

第一，耐心回复发货问题。

直播结束后，对于已下单客户提出的各种售后问题，要有专人负责对接、解答，对消费者提出的以下问题，要及时做出回应：

①订单何时发货？

②物流信息，比如快递公司、物流公司及单号信息。

③货物运输途中出现的其他问题。

如果对客户的售后回复不及时，或直接不予理会，很可能会招致差评。

第二，主动联系客户。

交易结束且货物送达签收后，客服应主动联系客户。首先，询问客户对货物是否满意，货物是否有损坏。如果没有问题，那就请对方确认和好评。

这样，就掌握了所谓的“优先权”。当对产品满意的时候，客户有感于直播方的主动售后服务，就会给一个大大的好评。即使遇到某些售后问题，客户的不满情绪也会由于销售方的主动介入而大大缓和。

第三，及时回复评论。

对于消费者给出的消费评论，要第一时间予以回复，对好评表示感谢，对于中、差评，更应及时处理，做出解释、沟通，尽量消除差评。

第四，认真对待退换货。

直播结束后，售后团队发货前要检查核对包裹，不要弄错产品型号和尺码，同时，杜绝将有缺陷的产品发出。如果遇到因运输或其他原因造成的货物损坏或者确实是产品本身的问题，当买方要求退换货时，只要符合政策，主播方应该欣然同意买方的要求，不要设置不合理的退换货障碍。

（3）妥善处理投诉问题

消费者投诉的是那些让他们感觉到不满甚至愤怒的点，如果解决不好，不仅会危及与客户的关系，影响口碑，而且会在新阶段的直播带货中，遇到同样的障碍和问题。因此，务必予以重视。

对于售后投诉问题，主播应同商家一道，配合直播平台建立投诉处理制度，明确处理流程、节点、反馈期限和各方责任。

第一，主播要主动承担起责任。

大多数情况下，消费者购买直播间的产品出现质量问题时，都会第一时间把产品售后责任归咎于带货主播。在他们看来，即便货品质量更多的是品牌方的责任，但也该由主播来承担一部分责任。

因此，面对消费者的售后投诉问题，主播方无论如何都不能推卸责任。

例如，某快手头部主播非常注重售后投诉问题，她会要求和商家一起做售后，会跟品牌方进行一系列的沟通，包括售后服务如何更完善、如何把控商家的产品品质、如何安排质检和确认库存、如何审核标准化、有没有直播间专属优惠……一旦出现投诉，如果商家没有给粉丝及时回复和处理，主播团队会作为中间桥梁进行协调管控。

第二，主播要敢于为粉丝兜底。

一些信誉形象良好的主播，在商家、品牌方不愿妥善处理售后投诉问题时，会勇敢地站出来积极为消费者解决问题，为粉丝兜底，赢得了良好的口碑和形象。

例如，李佳琦就在售后服务上采取了很多为消费者“兜底”的措施。他的直播间首创了“1号客服”，即直播间的1号链接对应的是李佳琦自己的客服团队。消费者可以第一时间联系李佳琦直播间的客服，他们会协助消费者跟品牌方沟通处理售后问题。

6. 直播复盘：直播复盘需要分析的数据

复盘的主要目的有三个。

第一，对过去的事件进行全盘分析，包括事件的流程及各个环节。

第二，对过去事件成功或失败的原因进行分析。

第三，对过去事件好的做法进行保持，不好的做法进行改正。

在每次直播带货结束后，都应当对本场次的直播数据和带货数据进行复盘，直播复盘对于主播和账号运营者而言都非常重要。养成好的复盘习惯，不仅可以发现提高直播销量的方法，还能查缺补漏，提前发现一些未暴露出来的问题，进而优化每一场直播，做出更好的直播效果。

直播复盘，可从四个维度来展开。

（1）人员复盘

人员复盘，即对参与直播的所有工作人员的表现进行复盘，直播带货的过程是团队所有成员配合的过程，因此，直播复盘需要清晰地了解直播过程中每个人的工作是否均执行到位（见表9-4）。

表9-4　人员复盘

岗位	复盘重点	关注细节	表现打分（1～10分）
主播	直播状态	直播过程中的话术、产品讲解、控场情况等	××分
场控	直播效果	直播中的实时目标关注，突发事件预警能力，直播间整体视觉效果，以及流程安排、排品等	××分
运营	投放效果	预热视频的准备和发布，巨量千川的投放操盘问题，包括视频发布、投放时机和目标、投放金额与效果	××分
助理	后台配合	上下架产品、库存播报、优惠券发放	××分
客服	粉丝服务	福利说明以及可能存在的售后问题，直播过程中回答粉丝的提问	××分

为了便于进行人员复盘，建议将直播过程进行录屏，以待事后观看。

（2）产品复盘

对进入直播间的货品进行复盘，主要是分析直播间的选品逻辑是否合理，引流款、爆款、利润款的分配是否合理，过款流程的安排是否合理，以及产品的核心卖点提炼是否到位，直播间的货品展示是否清晰、美观等。

产品复盘要做到：

第一，筛选出销售数据最好的商品，下一场直播增加库存或者增加类似款。

第二，筛选出用户最喜欢的商品，下场直播继续作为福利款，以增加人气。

第三，筛选出退货率最高的商品，从下一场直播带货中移除。

（3）数据复盘

在直播结束之后，可先从直播后台中导出一份所需的数据，比如评论数、粉丝新增量、销量、用户画像等数据，和之前的直播数据做横向、纵向对比，找出数据背后所代表的具体类目。

主要从直播间停留时长、转粉率、老用户的活跃度等维度对数据进行分析。直播间停留时间越长就表示用户对直播间越感兴趣。转粉率就是进入直播间观看的新用户，在结束后有多少人转为粉丝，即从公域流量到私域流量的转化。老用户的活跃度表示已关注用户在直播间的活跃度，这些老用户的活跃度在一定程度上决定了直播的成交率。

我们在进行直播数据复盘的时候，要重点关注以下三个方面的数据。

第一，直播数据。

直播数据包括场次、日期、直播时长/小时、当场的PV和UV、粉丝流量占比、评论人数占比、在线人数峰值、平均在线人数、粉丝人均观看时长、新增粉丝数、转粉率。

其中，重点关注的数据如下。

①平均在线人数：这个数据直接决定了账号是否具有直播带货的变现能力，通常直播间平均在线人数达到100人左右，就具备了带货的基本条件。

②观看人次：观看人次是衡量直播间人气的关键指标。

③平均停留时长：反映直播内容是否有吸引力，一般取决于主播的留人能力和选品能力，一般平均停留时长超过2分钟，就是优秀水准了。

④互动率：反映了主播与直播间粉丝的互动情况，直播间的粉丝互动情况，是影响直播间人气的关键因素。一般互动比例达到10%算是不错的数据，低于5%就要考虑对直播间的人、货、场进行优化。

⑤转粉率：反映直播间的拉新能力。优秀的主播能做到5%以上，与主播个人能力、商品、场景、团队配合都有关系。

第二，电商数据。

电商数据包括成交人数、销售额、转化率、粉丝下单占比、UV价值、客单价。

其中，重点关注的数据如下。

①客单价：客单价反映直播间顾客的购买水平，产品的定价、销售政策、选品组合等都会影响客单价的高低。

②成交人数：可用来评估直播间的流量价值和潜在客群转化情况。

③转化率：用来评估直播的带货效率，通常行业平均水平在2%～5%，优秀的主播能做到5%甚至10%以上。

第三，投放数据。

如果直播间有广告投放，一般投放的数据是由负责投流的投手记录，包括消耗、订单数、GMV、流量、1分钟停留情况、ROI（GMV/投放金额）等。

（4）场景复盘

场景复盘相较于人、货和数据的复盘，是比较简单的，主要复盘直播间、场地布置、直播间背景、直播间灯光直播设备、商品陈列等，对合理的地方，继续坚持；对不合理之处，予以改进完善，从而打造用户体验度更佳的直播间。

推荐阅读

360 度详解如何打造百万粉丝超级头条号！

书名：头条号涨粉与运营全攻略
作者：郭春光　杨岚
书号：978-7-5454-7467-1
定价：45 元
出版日期：2021 年 2 月
出版社：广东经济出版社

360 度详解如何打造百万粉丝短视频大号！

书名：短视频营销全攻略
作者：向上
书号：978-7-5454-6799-4
定价：45 元
出版日期：2019 年 10 月
出版社：广东经济出版社

全方位解读完美创业团队携程团队成功的秘诀！

书名：这才叫合伙创业：从携程、如家到华住的启示（升级版）
作者：高慕
书号：978-7-5454-8314-7
定价：72 元
出版日期：2022 年 5 月
出版社：广东经济出版社

一本写给中国女性的轻阅读理财小说！

书名：富妈妈穷妈妈：启智财务自由之路
作者：冉学东
书号：978-7-5454-8397-0
定价：55 元
出版日期：2022 年 11 月
出版社：广东经济出版社

推荐阅读

360 度详解如何打造百万粉丝超级视频号！

书名： 微信视频号涨粉与运营全攻略
作者： 李达聪
书号： 978-7-5454-8485-4
定价： 58 元
出版日期： 2023 年 1 月
出版社： 广东经济出版社

玩“赚”农产品直播带货得这么干！

书名： 农产品直播带货宝典
作者： 汪波
书号： 978-7-5454-7935-5
定价： 35 元
出版日期： 2021 年 10 月
出版社： 广东经济出版社

玩“赚”服饰产品直播带货得这么干！

书名： 服饰产品直播带货宝典
作者： 陈海涛
书号： 978-7-5454-8735-0
定价： 48 元
出版日期： 2023 年 5 月
出版社： 广东经济出版社

玩“赚”美妆产品直播带货得这么干！

书名： 美妆产品直播带货宝典
作者： 陈海涛
书号： 978-7-5454-8790-9
定价： 48 元
出版日期： 2023 年 7 月
出版社： 广东经济出版社